死なないノウハウ

独り身の「金欠」から「散骨」まで

雨宮処凛

光文社新書

まえがき

誰もが知る女優が死後、「無縁遺骨」に――。

2022年7月に亡くなった女優・島田陽子さんの最期は多くの人に衝撃を与えた。

島田さんと言えば、日本人初のゴールデングローブ賞の主演女優賞を受賞し、その後、国内だけでなくハリウッドでも活躍。そんな大女優にふさわしからぬ報道がなされたのは、死後すぐのことだった。

「遺体の引き取り手がいない」「遺体はそのまま渋谷区の施設に安置されている」「自治体によって火葬された」――。

さまざまな報道から明らかになったのは、亡くなる3年前に直腸がんと診断されたものの、病気のことは隠して遺作を撮影。闘病の果てに病院で一人、亡くなったという事実だった。享年69。しかし、遺体を引き取る人はおらず、渋谷区が2週間ほど遺体を保管して、自治体によって火葬されたという。生前、医療費がかさむと周囲に漏らしたこともあるらしい（朝日新聞　22年12月21日)。

　このことを知った時の衝撃は、今でもはっきりと覚えている。あれほど活躍していた人が、そんな最期を迎えるなんて――。ちなみに島田さんはがんと診断されていたわけだが、抗がん剤治療などをしていなかったことも報じられている。治療費の問題もあったのだろうか？

　その年の12月には、別の女性の最期を伝える新聞記事に愕然《がくぜん》とした（朝日新聞　22年12月22日)。それは皇室ジャーナリストの渡辺みどりさん。22年9月30日に亡くなったという。享年88。

　記事に書かれていたのは、遺体の引き取りや相続を親族に「放棄する」と言われたこと、終活のために10年以上前にマンションを売却したものの、そのお金はほぼ使い切っていたこと、遺体は長年付き合いのあった弁護士らによって荼毘《だび》に付されたことなど。

　島田さん、渡辺さんともに一人暮らしだったわけだが、20年の国政調査によると、この国で一番多いのは「単身世帯」で38・1％。単身世帯は一貫して増加傾向にあり、１９８５年は20・8％、5世帯に1世帯だったものの、今や2・5世帯に1世帯だ。

　また、65歳以上の高齢独居世帯は20年に６７２万世帯。２０００年の３０３万世帯から倍増している。

そんな中で増えているのが、身内がいても弔《とむら》う人がいない死者。日本では年間約１５０万人が亡くなるが、弔う人がいない人の数は近年だけで約10万６０００人。うち「無縁遺骨」は６万柱にものぼるという（朝日新聞夕刊　23年８月25日）。

今、独《ひと》り身《み》ではなくても、離婚や死別で誰もが最後は単身になる可能性がある。島田さん、渡辺さんの死が頭から離れないのは、遺骨や遺体の引き取り手がいなかったことだけではない。経済的な困窮が垣間《かいま》見える単身女性の死、ということがとても他人事《ひとごと》には思えなかったからである。

ちなみにこの国の貧困率は15・４％だが、突出して貧困率が高いのは単身高齢女性。一人暮らしの65歳以上の女性の実に46・１％が貧困ライン以下の生活を強いられているのだ。そして島田さんも渡辺さんも、65歳以上の単身女性だった。

貧困ということで言えば、昨今、女性に限らずコンビニやスーパーで夜勤したり、警備員などとして働く高齢者の姿が目立つ。その多くが、その歳でも働かないと生活できない人々だ。つい最近も、土木作業員の女性が作業中の事故で死亡したというニュースに触れ、目を疑った。年齢が77歳だったからだ。

「失われた30年」で、日本が貧しくなったことは誰もが実感していることだろう。先進国で唯一、30年間給料が上がらず、一人あたりのGDPはその間、7割程度に落ち込んだ。

賃金は増えないのに、国民負担率（社会保険料と税金の合計が国民所得に占める割合）は上がり続け、5割に迫る勢いだ。80年代は3割だったのに、である。これにはネット上で「五公五民」（江戸時代の年貢の負担率を示す）という悲鳴が上がっている。収穫した米の五割を年貢とし、残り五割が手元に残る状態で、幕府の財政悪化を理由に「四公六民」から「五公五民」になった途端、日本中で一揆《いっき》が起きるようになったという。

しかし、令和の現在、一揆が起きる気配は微塵《みじん》もない。


さて、ここで自分のことを書くと、私は49歳の独り身、フリーランスの文筆業だ。配偶者も子もなく、いるのは猫が一匹。

東京で一人暮らしを始めて約30年。親ときょうだいがいるのは遠く離れた北海道だ。

最近、「将来もらえる年金額」みたいな通知が届いたので開封してみたら、月に4万円くらいだったので見なかったことにした。

厚生労働省の簡易生命表（22年）によると、日本の平均寿命は男性が約81歳、女性が約87歳。私の場合、平均寿命までまだ38年もある計算だ。「老後2000万円問題」を持ち出すまでもなく「これから先」を考えるだけで目の前が暗くなる。

本書は、そんな不安を解消すべく、情報を集めまくった一冊だ。

働けなくなったら。お金がなくなったら。親の介護が必要になったら。それで仕事を続けるのが難しくなったら。そして自分が病気になったり入院した時、頼る人もいなければどうしたらいいのだろう？

そんな疑問から始まった取材は、がんになった場合に使える制度から「親の介護」を考えた時にまず相談する先、高齢者施設の種類と平均月額・平均入居一時金額、はたまた自分が死んだあとのペットの世話やパソコンやスマホの処分、それだけでなく遺言や散骨の方法まで網羅する結果となった。

本書を書き終えた今、この先病気になろうが、仕事がなくなろうが、一文無しになろうが、世の中すべてを敵に回そうが、役所で適当にあしらわれて追い返されようが、ビクともしないだけの情報を身につけている。いわば「無敵」の状態だ。

ということで、ここまで集めた「死なないノウハウ」を、多くの人に伝授したい。

本書を読み終える頃には、あなたもきっと「無敵」になっているはずだ。

目次

第1章

お金

――社会福祉士・横山北斗さんに聞く

第2章

仕事

――プレカリアートユニオン執行委員長・
清水直子さんに聞く

第3章

親の介護

――「みんなの介護」編集部／一般社団法人LMN・遠藤英樹さんに聞く

第4章

健康

――CSRプロジェクト・桜井なおみさんに聞く

第5章 トラブル
――相談室ぱどる・原昌平さんに聞く

第6章

死

――一般社団法人ＬＭＮ・遠藤英樹さん／相談室ぱどる・原昌平さんに聞く

ブックデザイン／マツヤマ チヒロ（AKICHI）

序章

私の経験

「就職氷河期と大卒時が重なり、以降、ずっと非正規雇用。貯金もなく、働けなくなったらホームレス確定と覚悟しています」(40代女性)

「病気や怪我《けが》で仕事ができなくなった時、どうしていいのかわからない。この自己責任社会では、最悪、餓死《がし》か自殺かホームレスか刑務所の四択だと思っている」(30代男性)

「上司のパワハラでうつ病になり、以降、派遣やアルバイトでしか働けず家賃を払うだけで精一杯。老後のことなど考えられない」(50代女性)

「イベント会社を経営していたが、コロナ禍で倒産。妻とも離婚し、住宅ローンを払えず滞納している」(40代男性)

これらの言葉は、私がこれまで困窮者支援の現場で耳にしてきたものである。

私のフリーター経験

ここで自己紹介させてもらうと、1975年に生まれ、そろそろ50代を迎える私は約20年間、貧困問題をメインテーマとして取材・執筆を重ね、困窮者支援の現場に身を置いてきた。2006年、31歳の頃からだ。

貧困問題に関わるきっかけのひとつは、自らが就職氷河期世代だったこと。また、私自身も19歳から24歳までフリーターだったことによる。94年から99年のことだ。

といっても「就職試験で100社落ちる」などの経験をしたわけではない。

93年に地元・北海道の高校を卒業し、美大進学を目指して上京。美大の予備校に通いながら二浪したところで進学を諦め、フリーターとなったのだった。

というか、二浪した時点で世の中が「就職氷河期」と言われていること、「普通に会社に勤める」ことすら難しいと気づいたようなボンクラだった。しかし、ボンクラでも働かないと生きていけない。

「とりあえず、景気回復までのつなぎ」のつもりでアルバイトを始めたのだが、半年もする頃には、この生活から抜け出すのは至難の業《わざ》だと気づかされた。

景気は一向に回復する兆しはないし、バイト生活脱出のためスキルアップしようと思っても、東京で一人暮らしを維持するためにはフルタイムで働かないとやっていけない。毎日バイトだけで時間も体力も気力も使い果たす日々。だけどどう頑張っても普通のバイトじゃ十数万円しか稼げなくて、給料日前には電気やガスが止まることもしばしばだった。そのたびに、親に泣きついてお金を振り込んでもらった。

「うちら、親が死んだらホームレスだよね」

当時、フリーターの友人たちとそんな話をしたことを覚えている。そうして2000年代、親が亡くなったり親に頼れなくなった同世代のフリーターから「ネットカフェ難民」という形でホームレス化が始まったのだが、それについては後述しよう。

90年代。当時はまだ「格差社会」という言葉はなく、「一億総中流」で「日本は豊か」だと多くの人が信じていた。

そうして氷河期ゆえに就職を諦めてアルバイトを始めた若者たちは「フリーター」と一括《ひとくく》りにされ、なぜか就職難の文脈からは弾かれて「自由でいたい若者」「働く気のない若者」というレッテルを貼られていた。

今思うと、現在40代の氷河期世代はここで正規の職を得られず派遣や契約社員となった「非正規第一世代」だが、まだ20代だった私たちは、景気さえ良くなればいつだって正社員になれると思っていた。社会も本人たちも深刻になんて考えていなくて、まさかその一部が、30年も非正規として辛酸《しんさん》を舐《な》めるなんて誰も予想していなかった。

生きづらさを抱える若者たち

バブル崩壊や就職氷河期の余波は若者たちにさまざまな影響を及ぼした。「就職できない」という理由ではなく、「親がリストラされた」「親の会社が倒産した」などの理由で大学進学・専門学校進学を諦めた層もフリーター市場に多く参入してきた。また、就活で「100社落ちる」ような経験をした者たちの中から、うつになったりひきこもったりする者も現れ始めた。

同時に、フリーターの中からもメンタルを病む者が少なくない数、出現した。職を転々とせざるを得ない不安定な生活や、親・世間からの「いつまでフラフラしてるんだ」という非難は、若者たちのメンタルを削っていった。

自分のことで言えば、フラフラしているつもりなどないのにアルバイト生活をすること自体を貶《けな》され、「怠けている」などと世間から言われることは心外でしかなかった。しかも、こっちは誰かが必ずしないといけない仕事を低賃金で担っているのに。いろいろと悔しかったけれど、そもそも自分の身に何が起きているのかよくわからなくて、言い返すことさえできなかった。

一方、安定層と思われがちな正社員の労働環境も劣悪になっていった。のちにいわゆる「ブラック企業」という言葉が登場するが、「若者を露骨に使い捨てにする企業」が現れたのも90年代後半からだ。過酷なノルマや長時間労働で、心身を病む若い世代が増え始めた。

そんな90年代後半から、若い世代のリストカットが増えていることが一部で注目されるようになる。また03年には「ネット心中」が流行するなど若年層の「生きづらさ」が大きな話題を集め始めた。このような現象は、「普通に働き、普通に生きる」ことが異様に難しくなったことが要因のひとつだと思っている。

「ネット心中」が流行る背後で

さて、自分に話を戻そう。

そんな中でフリーターを続けていた私もどんどん心を病んでいった。常にライフラインの料金滞納を心配し、家賃が払えるかを心配するだけで人間は疲弊《ひへい》する。

その上、「経営が苦しい」などの理由で、唯一の生活の糧《かて》であるバイトさえしばしばクビになるのだ。

そうして次の職探しに時間がかかり、一週間も働けないとたちまちライフラインが止まるという生活だ。来月、再来月の今頃、自分が何をしているかわからない日々。そのような日常に神経はすり減り、またバイトをクビになるたびに「自分が悪いのだ」と自らを責める。

そして「誰にでもできる」仕事さえクビになり、使い捨て労働力としてすら必要とされない自分には生きる価値がないと思い込み、こんなんじゃこれから先の厳しい人生を生きていけるなんてとても思えなくて、リストカットを繰り返した。

では、どうやってそこから文筆業デビューしたのかというと、「自殺するくらいならなんでもやってやる！」とある日突然開き直り、人生初の海外旅行で北朝鮮へ行ったり、二度目の海外でイラクに行ってライブをやったり（当時バンドを組んでいた）、そのイラクでサダム・フセイン大統領の長男・ウダイ氏と大統領宮殿で会談したりと怒涛《どとう》の行動力を発揮したことによる。そうしたら「様子のおかしい女がいる」と一部で注目され、「本を出さないか」

ということになり、デビュー。25歳で脱フリーターとなったのだった。2000年のことだ。

それから6年間は、自らが当事者でもあったリストカットや生きづらさの問題を取材していたのだが、前述したように03年、ネット心中が流行し始める。

ちなみにネット心中とは、インターネットで一緒に自殺する相手を募集し、待ち合わせてレンタカーで山奥などに行き、練炭を焚いて自殺すること。04年には男女7人のネット心中事件が起き、05年には100人近くがこの方法で自殺している。私の周りでも、ネット心中による死者が何人か出た。

このネット心中に、世間は「いったい何が起きているのか」と大きな衝撃を受けた。私にとっても他人事ではなかった。

「死にたい」と訴える同世代の若者たちの姿は、近い過去の自分と重なった。彼ら彼女らに取材すると、多くの人は生きづらさの原因を「機能不全家族」や親に求めていた。当時、「アダルトチルドレン」という言葉が流行っており、生きづらさの原因は親や家庭環境にあると言われていたのだ。

確かに、取材した人々の親との関係は良くなかった。しかし、よくよく話を聞いていくと、すべて親が悪いとも言い切れないのでは、というケースも多かった。

例えば少なくなかったのが、フリーターや正社員で働いていたものの心を病んで働けなくなり実家に戻ったという例。当時、うつ病などに対する世間の理解は今よりずっと低く、親は家で寝ている子どもを「働け」「いつまでダラダラしてるんだ」などと叱咤《しった》する。そんな態度に子どもは追い詰められる。

また、私たちの親世代は経済成長を経験した世代。悪気なく、「頑張っていれば誰かが見ていて評価してくれる」なんて口にするわけだが、90年代後半頃から日本は正規・非正規という身分社会になり、「どんなに頑張っても絶対に報われない層」が生み出されたわけである。そのことを肌で感じている子どもと、何も知らずに時代錯誤《さくご》な精神論で叱咤激励《げきれい》する親。結果、親子関係は極度に悪化し、壮絶《そうぜつ》な家庭内暴力につながるケースもあれば、その果てに子どもが自殺するようなケースもあった。

そんな光景を見ながら、思った。

これって、いろんな社会問題が家庭という地下に潜って、親子が代理戦争させられているようなものではないのか？　と。若者の生きづらさの背景には、何か構造的な問題があるのではないか？　と。

プレカリアートとの出会い

そんなことを考えていた06年、運命的な出会いがあった。

それは「プレカリアート」という言葉との出会い。

「不安定なプロレタリアート」という造語で、世界各国で職の不安定化が進む中、非正規で働く人や劣悪な環境で働く正社員、また働けない人までをも含む概念ということだった。

たまたまネットでメーデーの告知として知ったのだが、フリーター労組という団体が主催した「プレカリアートメーデー」に足を運んだところ、ここまで書いてきたようなモヤモヤへの回答が鮮やかにもたらされた。

市場原理主義が極まる中、世界的に非正規雇用が増え、それが若年層に集中していること。そのことによって心を病む人や自殺者も増えていること。日本で非正規化が進んだ大きな原因は、95年の日経連の報告書によること、等々。

ちなみに日経連の報告書の名前は「新時代の『日本的経営』」。

不況の中、これからは働く人を幹部候補生の「長期蓄積能力活用型」と、派遣のスペシャリスト的な「高度専門能力活用型」、そしていつでも使い捨てにできる「雇用柔軟型」の3つに分けようという提言だ。

若者に働く気がないからフリーターが増えたのではなく、財界が政治に要求したから増やされたのだ――。この事実に、私は驚愕《きょうがく》した。

フリーターというだけで散々バッシングされてきたけれど、そもそも企業の生き残りのために非正規への置き換えが進んでいたのだ。政治は若者の未来よりも企業を優先し、私たちを使い捨て労働力にした上で「怠けている」などとバッシングしていたのだ、と。

同時に、自ら命を絶った若者たちの顔が浮かんだ。彼ら彼女らの中には、フリーターであったり、正社員になれないことで自分を責め、心を病んだ果てに命を絶った人もいたからだ。死んでいった人たちは、そこまで自分を責める必要なんてなかったのだ。心から、憤慨《ふんがい》した。

「ロスジェネ」と名付けられる

もうひとつ、この日驚いたのは「フリーターのホームレス化」について聞いたこと。

「ネットカフェ難民」がまだ発見されていなかった当時、漫画喫茶などに住みながら、携帯で日雇いの仕事を探して食いつなぐ「若きホームレス」が都市に出現していることが話題になっていたのだ。

「うちら、親が死んだらホームレスだよね」

フリーター時代、友人と語っていたことが、その十数年後、現実になっていたことに戦慄《せんりつ》した。

さて、その日から私はこれらの問題について猛然と取材を始め、07年、『生きさせろ！難民化する若者たち』を出版。ありがたいことに大きな反響を頂いた。

同年、「ネットカフェ難民」という言葉が「新語・流行語大賞」にノミネートされる。

また同じ07年、朝日新聞が私たち就職氷河期世代を「ロストジェネレーション」（以降、ロスジェネ）と名付ける。「失われた世代」の定義は、当時で25〜35歳（24年時点ではざっくり40代が該当）。ロスジェネはまだまだ若かった。

同じ頃、韓国では若者が「88万ウォン世代」と名付けられ、イタリアでは「1000ユーロ世代」、ギリシャでは「700ユーロ世代」と名付けられた。いずれも学校を出ても正規の職がない、その国の20代の非正規雇用の平均賃金からつけられた名前だ。

やはりプレカリアート的現象は、グローバル化や産業構造の変化のもと、世界的に起きていたのである。フリーターが「働く気がない」なんてバッシングされる謂《いわ》れなどなかったのだ。

年越し派遣村によって可視化された貧困

その翌年の08年、リーマンショックが起きる。

このことによって、日本には「派遣切り」の嵐が吹き荒れた。特に08年末、年の瀬を前に製造業で働く人への大規模な派遣切りが全国各地の工場で起きた。

年末を前に寮を追い出され、行き場もない人々が大量に生み出される――。年末年始は役所が閉まるので助けを求める先もなく、最悪、路上で死者が出ることさえ懸念された。

このような状況を受けて08年末から09年の年明けの6日間にわたって開催されたのが「年越し派遣村」だ。

貧困問題に取り組む支援者や労働組合の人々によって東京・日比谷公園が行き場のない人々を受け入れる「村」となったのだ。宿泊できるテントと食事を提供し、その場で生活相談や労働相談も行われた。「村」を運営するのは、全員が正月休みを返上したボランティア。

そんな派遣村を訪れたのは、6日間で500人以上。職も住まいも所持金も失った人々が極寒の中、炊き出しに並ぶ光景は年末年始のニュースで連日報じられた。この国に静かに広がっていた貧困が、可視化された瞬間だった。

間近で見てきた、「人が助かる瞬間」

以降、私はこのような現場で取材するだけでなく、手伝いなどをするようになっていく。

そんな現場で、これまで何度も魔法のような光景を目にしてきた。

例えばある年末、相談会にやってきた30代の男性。

地元で失業したものの地元には職がなく、「東京に来れば仕事が見つかるだろう」と上京。ネットカフェで寝泊まりしながら職を探すものの見つからず、ついに所持金が尽きて数日前に路上生活となり、その間、ほとんど食べていないということだった。

もしあなたがこのような状況の人に遭遇したら、どうするだろう?

私はただオロオロしていたのだが、こういう時の支援者ほど頼りになる存在はない。

まずはあたたかい食事をしてもらいながら聞き取りをし、本人の了承を得て自分たちの団体が持つシェルター（普通のアパートのようなところ）に案内する。世間はすでに正月休み。年明けまでここで過ごし、年が明けて役所が開くと同時に生活保護申請をすることになったのだ。生活保護の申請が通れば、アパートを探してそこに移ればいい。それまではこのシェルターにいられるとのこと。

さっきまで今日の寝床もなく震えていた男性は、その日からあたたかい個室シェルターの布団で眠れるだけでなく、公的福祉によって生活を再建するところまでの道筋が作られたのだ。住所も住民票もなければ仕事はなかなか見つからないが、アパートに入れれば仕事も見つけやすい。一度路上に出ると自力での生活再建は困難を極めるが、制度に詳しい支援者が対応すれば、これほどスムーズにいくのだ。ちなみに本書で言う「支援者」とは、困窮者支援をするNPOの職員であったり、またボランティアでこのような取り組みに関わっている人のこと。

このようにして、一人で路上やネットカフェで途方に暮れていたものの、支援者が関わることで生活再建できたというケースを山ほど見てきた。その中には、仕事が決まって生活保護をわずかな期間で「卒業」した例もある。

そんなふうに私が出会った人たちから、のちに聞かされた言葉がある。

「あの時、みなさんに会ってなかったら自殺していたと思います」

何人もから、同じ言葉を聞いた。

生死を分ける「情報」

それ以外にも、いろんな事例があった。

例えば過去に借金をしてしまい、その過酷な取り立てへの恐怖から家を捨てて路上生活となったという男性。弁護士に相談すると、問題は3秒で解決した。かなり過去の借金で10年以上返済していない状態だったので、返済義務はなくなっていたのだ。借金は、最後の返済から5～10年経つと消滅する（5年か10年かは借入先による）。男性はそれを知らずに逃げ続けていたのだ（ただ、借金の返済期間や時効にはいくつか条件があるので、弁護士など専門家に相談を。全国の弁護士会は借金相談も受けている）。

また、やはり長く路上生活を続けていた男性に支援者が聞き取りをしたところ、年金が受給できることが判明したこともある。そうして手続きをし、年金が支給されたために男性は無事に路上生活を脱出したのだ。

それだけではない。今はさすがに聞かないが、2000年代まで「ホームレスは生活保護を受けられない」「65歳以上じゃないと生活保護を受けられない」という間違った説明が役所でなされることがあった。当人はそれを真に受けて、体調が悪いのに「65歳になるまで」と我慢して路上生活に耐えていることさえあったのだ。しかし、法律に詳しい支援者が役所に同行すると、あっという間に生活保護申請が通る、なんてことも当たり前にあった。

詳しいことは後述するが、このように、ちょっとした情報があるかないかでこの国では生死が分かれるようなことが日々起きているのである。

実際、私が貧困問題に関わり始めた06、07年には、北九州で餓死事件が相次いでいた。いずれも生活保護を辞退させられたり、申請させてもらえなかったりすることによる死である。生活保護を利用できなくての餓死・孤立死事件は12年、札幌市でも起きている。「生活が苦しい」と白石区の役所に3度も訪れていた40代の姉妹が、最後の相談から半年後、遺体で発見されたのだ。

役所が適切な対応をしていれば、そしてもし役所の対応がひどくても、頼れる支援者がいれば絶対に防げた死である。

コロナ禍、支援現場は野戦病院状態に

さて、こうして約20年間、貧困の現場に身を置いてきたわけだが、その間、いろいろなことがあった。東日本大震災と原発事故、そして20年からのコロナ禍。

特にコロナ禍、困窮者支援の現場は「野戦病院」のような様相を呈した。

「派遣の仕事を切られて寮を追い出され、行き場がない。所持金はゼロ円」

「もう一週間食べてない」

「昨日ホームレスになった」

「自殺するつもりで荷物を全部捨てたが死に切れなかった」

このような緊急性の高いSOSが連日、支援団体に届き続けたのだ。

ここにコロナ禍で駆けつけ支援をしてきた「新型コロナ災害緊急アクション」の支援についてのデータがあるので紹介しよう。

ちなみに「新型コロナ災害緊急アクション」(以下、緊急アクション)が結成されたのはコ

ロナ禍が始まってすぐの20年3月。「反貧困ネットワーク」（私はこの団体の世話人）が呼びかけ、貧困問題に取り組む40ほどの団体によって作られた。

結成翌月の20年4月、東京など7都府県に「緊急事態宣言」が発令される。ライブやイベントが軒並み中止になり、多くの商業施設に休業要請が出されたが、ネットカフェもその対象となっていた。

これを受けて、緊急アクションではすぐにメールフォームを立ち上げ。ネットカフェで寝泊まりしている人々の行き場がなくなることが予想されたからだ。

以降、24年の今日に至るまで、連日ＳＯＳメールが届き続けている。コロナ禍初期はネットカフェ生活者からが中心だったが、「家賃滞納でアパートを追い出されそう」「すでに車上生活となっている」など、さまざまな状況の人からのＳＯＳが４年経った今も続いている。その数、現在に至るまで２０００件以上。

内訳を見ると、私が現場に入り始めた約20年前とは様相が変わっていることがよくわかる。

まず、メールをくれる約６割が10～30代。「年越し派遣村」の時は中高年が中心で30代も珍しかったのが、著しく若年化した。

女性も増えた。年越し派遣村には５０５人が訪れたのだが、女性はわずか５人で１％。しかし、コロナ禍ではSOSメールの約2割が女性。女性の割合は20倍となっている。

メールをくれる人々の状況は、思った以上に深刻だ。

まず、7割以上がすでに住まいを失っている状態。「ネットカフェ難民」が新語・流行語大賞にノミネートされた頃は「家がない」人たちがいること自体、衝撃を持って受け止められたわけだが、この20年ほどで「ネットカフェ生活」は不安定層にとって当たり前のものとなった。18年に発表された東京都の調査によると、いわゆる「ネットカフェ難民」は都内だけでも1日あたり4000人。現在はもっと増えていることが予想される。

さて、家がないくらいではそこまで焦らない彼ら彼女らも焦るのが、料金滞納による携帯の停止。

緊急アクションにメールをくれる約4割が携帯が止まっている状態だ。これでは日雇いの仕事も探せないと本気で焦り、フリーWi-Fiを探して連絡してくるのだ。

その時点で、所持金が尽きている人は多い。約2割の人の所持金が100円以下。

コロナ禍、支援者たちはそのようなSOSメールを受け、駆けつけ支援をしてきた（都内近郊のみ。遠方の場合はその地の支援団体などを紹介する）。なぜ駆けつけ支援かと言うと、電車賃もない人が多いので、その人のいる場に駆けつけるしかないのである。

そうして聞き取りをし、食費もない人には緊急の食費を給付し、住まいがない人は安いホテルに泊まってもらう。原資は一般の方々からの寄付金「緊急ささえあい基金」だ（寄付金は現在も受付中）。

当事者の多くが家も仕事も所持金もない状態。そのような場合に使える制度は生活保護くらいしかないので、後日、生活保護申請に同行という流れだ。

このような形で、コロナ禍、多くの人が公的支援につながった。私も時にＳＯＳをくれた人のもとに駆けつけ、生活保護申請に同行してきた。そうして申請が通れば、前述したようにアパートに転宅となる（転宅費は生活保護費から出る。詳しくは後述）。

このようにして、数年間に及ぶネットカフェ生活を終わらせた人が多くいる。中には10年近くネットカフェ生活という若者もいた。コロナ禍がなければおそらく支援団体と出会うこともなく、今もネットカフェ生活だっただろう。

そういう意味では、彼ら彼女らは、コロナ禍というピンチがチャンスとなったわけである。

手に入れてきた「死なないノウハウ」

さて、こんな現場に20年近くいて見えてきたのは、この国では、「何か」があれば生活が根こそぎ破壊される層が膨大に存在するということだ。

それを痛感したのは、コロナ禍の相談会で出会った40代くらいの男性の言葉。コロナで失業しホームレス状態となったという彼は、「派遣村の時にもお世話になりました」と口にしたのだ。詳しく聞くと、当時も失業してホームレス状態になり、その後生活保護を利用するものの、派遣の仕事と生活保護を繰り返す暮らし。そうしてコロナ禍、再び路上に放り出されてしまったのだ。

また、東日本大震災の際、被災地ではないものの客が来なくなり風俗店の寮を追い出される経験をした女性は、コロナ禍でもまったく同じ目に遭っていた。そうして今週中には寮を追い出されると相談に来たのだ。

リーマンショックという経済危機、東日本大震災という大災害、そしてコロナ禍という感染症の拡大。そのたびに、住まいを失い路上に放り出されるなど、生活の土台をあまりにも簡単に失ってしまう人々。

「失われた30年」は、このように、個人ではどうにもならない出来事によって人生そのものが破壊されるような層を膨大に生み出してきた。背景にあるのはやはり雇用の不安定化だろう。

「反貧困ネットワーク」初代事務局長であり、現在は「特定非営利活動法人　全国こども食堂支援センター・むすびえ」理事長である湯浅誠氏は、このような状況について、「溜《た》め」という言葉を使っていた。

意味するところは、人間関係や貯金、企業の福利厚生、相談できる人や頼れる家族など。そういうものがある状態を「溜めがある」、ない状態を「溜めがない」と言う。そうして貧困は、お金がないだけでなく「溜めがない」状態なのだと。

もうひとつ、湯浅氏が提唱していたのは貧困に至るまでの「五重の排除」という概念だ。

家族福祉からの排除。
教育課程からの排除。

企業福祉からの排除。
公的福祉からの排除。
そして自分自身からの排除。

困った時に頼れる実家や就職に有利な学歴、また失業保険や生活保護などの社会保障制度などなどから排除された果てに、人は貧困に陥るということだ。

この20年、私は現場で日本社会から「溜め」が失われ、企業福祉や家族福祉、公的福祉が後退するのを間近で見てきた。その過程でどうやって人々が路上に追いやられ、頼りになるはずの公的福祉からどのようにして取りこぼされるかも。

ひとつよかったのは、このような現場にいることによって、「生活に困った時」に使える制度の知識がどんどんついていったことである。そうして前述したように生活保護申請にも同行できるようになり、気がつけばそれ以外の「死なないノウハウ」も山ほど搭載《とうさい》されていた。

なぜ、貧困の現場に長くいるのか。たまにそんなことを聞かれるが、理由はただひとつ、この界隈《かいわい》にいれば、この先自分に何があっても野垂れ死ぬことはないと気づいたからである。

それほどの情報と知見と分厚いセーフティネットがここにはある。普段は「取材や支援活動のため」などとカッコつけているが、なんのことはない、一番大きい動機は自分のためだ。

しかし、知識があるのは主に生活困窮についてのみ。

生きていれば、親の介護や自身の病気、ご近所や友人とのトラブル、果ては終活についての情報も必要だ。というか、情報がどれほど人を救うか、生死を分けるかを痛感している身として、今から不安要素をすべて潰したい。

ということで、さらなる「無敵」を目指すために書いたのが本書である。

ここから、めくるめくサバイバル情報の嵐に突入する。

覚悟を決めて、ついてきてほしい。

第1章

お金

――社会福祉士・横山北斗さんに聞く

最初に取り上げたいのはやはり、お金のことだ。

「地獄の沙汰も金次第」「金の切れ目が縁の切れ目」「いつまでもあると思うな親と金」など、この国にはお金にまつわることわざが多くある。そうして私自身、「将来の不安」と聞いて真っ先に浮かぶのは、やっぱりお金のことだ。

そこで最初に話を聞かせて頂くのは横山北斗さん。2022年に『15歳からの社会保障』（日本評論社）を出版した。この本は、「怪我で仕事を休まなくてはならず、医療費と生活費に困ったユウジ」「ひとりで子どもを育てることになったマサト」「会社でハラスメントを受け、体調を崩したエミリ」など、10人の物語から「使える社会保障制度」を紹介している。

そんな横山さんは社会福祉士として病院での勤務経験があり、その時、この国のセーフティネットからこぼれ落ちてしまった人々を目の当たりにしてきた。

それは経済的な理由で住まいを失い、ネットカフェで暮らす人々。仕事は携帯で探して日銭を稼ぐものの、住所もなく、保険料も払えず保険証もない状態。よって体調が悪くても我慢し、その果てに横山さんが勤務する病院に救急車で運ばれてきたのだ。

横山さんが働いていた8年の間でも、そのような状況の人は、8人。

彼らと関わり、聞き取りをするうちに、誰一人、自分が対象となる社会保障制度などを利用していないこと、それどころかそもそもそんな制度があること自体知らないことを突きつけられたという。

そう、この国には多くの社会保障制度がある。家賃の補助が受けられたり、保険料が減免されたり、病気や怪我で働けない場合に生活費が補助される制度など。お金に関する社会保障制度だけでも実に100以上あるそうだ。が、多くが知られていない上、探し当てて正しい窓口に申請した人のみが利用できるという、非常に使い勝手の悪いことになっている。

序章でも紹介した湯浅誠氏は、そのような状況を「メニューを見せてくれないレストラン」と表現していた。立派なメニューは揃っているのに、決して客には見せてくれない意地悪なレストラン。ごく一部の、メニューを一字一句間違えずに正確に、しかも正しい窓口で「注文」できた人だけに料理＝制度利用が提供されるというシステムだ。

そのようなことに疑問を持った横山さんは18年、「ポスト申請主義を考える会」を設立。また、社会保障制度のアクセシビリティー向上を目指して活動するNPO法人「Social Change Agency」代表理事もつとめている。

ということで、横山北斗さんに話を聞いた。

自らの小児がん経験

社会福祉士とは、生活の困りごとを抱える人の相談に乗り、その解決のお手伝いをする仕事。社会保障制度のプロである。ソーシャルワーカーや相談員と呼ばれることもある。

まずは横山さんに、なぜ社会福祉士になろうと思ったのかを聞いてみた。

「私は14歳の時に小児がんになりました。その時、教育の機会を一時的に奪われることなどで、社会にリカバリーするのに苦労した経験があります。体力が低い方だったので、就活の時も闘病したことを言うべきかどうか迷いました。そんなことから、過去、その人に起こった何かしらのイベントから生活困難を抱える方がリカバリーしていくプロセスに関わる仕事に就きたいなと思ったんです」

今、多くの社会保障制度を紹介する立場の横山さんだが、自身も小児がんの際、「小児慢性特定疾病医療費助成制度」を利用したという。教えてくれたのは病院の看護師長さん。医療費の自己負担の一部を助成する制度で、両親はずいぶん助けられたそうだ。

ここからは、具体的な「困りごと」に対する解決策を教えてもらおう。

家賃が払えない
——住居確保給付金

まずは「**家賃が払えない**」。特にコロナ禍では私もこのような相談を多く受けた。派遣の仕事を減らされて家賃を滞納している、大家さんからあと一週間で追い出すと言われている、あるいは、今は多少の貯金はあるが数ヶ月後には家賃を払えなくなるタイミングが来そう、などなど。

自分で払うのが当たり前と信じられている家賃だが、公的な制度などあるのだろうか？

「このような場合、家賃のサポートが受けられる『**住居確保給付金**』が使えます。原則3ヶ月、最大9ヶ月まで延長できます。対象となるのは、離職（仕事を辞めた）・廃業（自分で会社などをやっていたけど辞めた）後、2年以内であること。もしくは個人の責任・都合によらず給与などの収入が少なくなった場合です。また、貯金が各市町村で定める基準額の6ヶ月以内で、100万円を超えない額であることなどが条件です」

窓口は「生活困窮者自立支援」の相談窓口。名称は市区町村によって違うので注意が必要だ。ネットでは「**住居確保給付金＋住んでいる市区町村名**」で検索すればいい。

具体的な額だが、収入がなく、家賃がその地域の生活保護の住宅扶助以下（東京で一人暮らしであれば5万3700円以下）であれば、**家賃の全額が支給**される。

収入があったり家賃が住宅扶助より上の場合、地域や世帯人数によって違い、計算式が複雑なのだが、例えば家賃が7万円で、現在の月収が10万円、そしてその地域の「基準額」と言われるものが7万8000円で一人暮らしの場合、4万8000円が支給されるという仕組みだ。計算が複雑なので、直接窓口で聞いてみるのがベスト。

これが最大9ヶ月続き、返済の必要はないのだから条件に合致する人は使わない手はないだろう。

コロナ禍、この住居確保給付金の申請は急増し、20年度は19年度の約34倍、13万5000件の利用となっている。

病院に行けない
――無料低額診療

次は「**病院に行けない**」という場合。

収入も仕事も不安定で保険料が払えず、保険証はとっくに使えない状態という人は多くいる。そのような状態になると、受診するには10割負担となるわけだが、そもそも保険料が払えない層が高額な医療費を払えるはずもない。

19年時点で、国民健康保険の保険証がない世帯は実に77万世帯。

そうなると、お金も保険証もないため受診を控え、我慢した果てに命を落とすという事態も生まれてしまう。

「民医連」が23年に発表した「2022年経済的事由による手遅れ死亡事例調査概要報告」によると、22年1月〜12月の間に保険料滞納など経済的な理由から病院に行くのが遅れ、亡くなったケースは全国で46件。

60代が41％でもっとも多く、ついで70代（24％）、50代（15％）。死因でもっとも多かったのは「がん」の69％だったという。

さて、そんなふうにお金がないけど急に体調が悪くなった、あるいは歯が痛くなったなんていう場合、どうすればいいのだろうか？

「このような場合は、**無料低額診療事業をやっている医療機関**を探します。医療費を支払うことができない時、**無料もしくは低額で病院にかかることができる制度**です。**自分の住む都道府県名と、『無料低額診療』で検索する**と探せます。すべての病院がやっているわけではなく、歯科はあまり多くないんですが、そこで受診できます」

無料か低額かは、その人の事情により変わってくる。また、薬代には無料低額診療が適用されないケースもあるのでそこは確認が必要だ。

ちなみに無料低額診療をやっている多くの病院には社会福祉士がおり、アウトリーチの場にもなっている。アウトリーチとは、支援が必要なのに届いていない人に対する働きかけ。

「どんな状況なのか、無料低額診療を使うに至った経緯などをお聞きして、必要であれば社会保障制度につなぎます」

そのような場合、生活保護制度を紹介することもあるという。生活保護制度については後述するが、保険料が払えなかったりお金がなかったりして無料低額診療を利用する時点で、生活はかなり厳しい状態だ。なんらかの手当が必要な人が多数だろう。一回受診して済むという状況ではない人が多いはずだ。

「さまざまな理由で受診控えが起きると思うので、状況を整理して、生活保護の申請が必要であれば申請したり、あるいは保険料を分割で支払えるようであれば、今までの滞納分を払うなどもあります。**無料低額診療に来ることで、背景にあるお金の問題を社会福祉士などが伴走して解決していく。**なので、もっと知られてほしい事業ですね」

ネカフェ生活で携帯が止まった
――生活保護

スマホがないと何もできないのが現代だ。

連絡やSNSはもちろん、仕事探しにだって不可欠なスマホ。

序章で書いたように、現在の不安定層は住まいを失ったくらいではそれほどビビらなくても、携帯が止まった瞬間、本気で焦る。なぜなら友人などと連絡が取れなくなるだけでなく、仕事探しができないからだ。日雇いの仕事を探すにもそうだし、連絡先がない人に仕事を紹介してくれる人はなかなかいない。何をするにもスマホは必須だし、今や「社会的ＩＤ」のような役割を果たしている。

このように、ネットカフェ暮らしなどで携帯が止まった場合、どうすればいいのだろうか。

「今の時代、携帯は身分証明のような役割も果たしています。**最後まで死守するものが払えないくらい収入がないということであれば、生活保護申請に行くのが適切**だと思います」

生活保護は、国が定める最低生活費（**生活保護基準。東京で一人暮らしの場合、家賃の上限5万3700円込みで13万円ほど**）**より収入が下回っていて、貯金などもなければ利用できる。働いていても利用できる。例えば一人暮らしで収入が10万円だとしたら、最低生活費を下回るので、差額分の3万円ほどが支給されるという仕組みだ。**

自分の最低生活費がいくらかわからない場合（ほとんどの人がわからないと思うが）、ネットで調べることもできる。「**生活保護制度における生活扶助基準額の算出方法**」などで検索すれば計算方法が出てくるので知りたい方は調べてみよう。

さて、よく「持ち家・車があったら利用できない」なんて言われるが、持ち家があっても、**資産価値が2千数百万円以下**（**東京都内の場合は3000万円以下**）**であれば、持ち家に住み続**

けながら利用できる。

車があっても、通勤や通院に必要と認められれば利用できる。

「ホームレスは利用できない」という誤解もあるが、もちろん**住まいがなくても住民票がなくても利用できる。**その場合、生活保護費には「転宅費」というものもあり、**敷金や新しい住居の日割り家賃、引っ越し費用**などが出る。東京で一人暮らしだと21万円ほど。アパートが見つかったらその転宅費を利用して入居となる。

一方、生活保護を利用する人には「家賃の上限」が設定されており、それが先にも書いた「5万3700円（東京で一人暮らしの場合）」なのだが、それより高い部屋に住んでいる人が生活保護を利用する場合、引っ越しを求められることもある。そのような場合も転宅費を使って引っ越せばいい。

もうひとつ知られていないのは、**住宅ローンがある場合でも利用できる**こと。滞納していれば、生活費だけ支給されるという形で利用できる。その後、家は競売にかけられて立ち退きを迫られるという流れになると思うが、「ローンがあるからどうにもならない」と自殺まで考えているケースは少なくないので、伝えておきたい情報だ。

生活保護を申請するのは住んでいる地域の生活保護の窓口（福祉事務所）。**手ぶらでも大丈**

夫だが、印鑑、記帳した通帳、最近3ヶ月の収入がわかる給与明細（あれば）**、家賃や年金の額がわかるものを持参する**と審査が早く進む。

では、どういうタイミングで申請に行けばいいかというと、単身で貯金が100万円あるなんて段階で行っても申請はできない。最低生活費を上回る15万円くらいでも、「もっとお金が減ってから来てください」と言われるだろう。最低生活費の半額を超える残金がある場合は「収入認定」というものがされて最初にもらえる保護費が減らされる。よって、東京で一人暮らしの場合、だいたい6万円以下になったら行くといい。

そんな生活保護だが、**申請すると家族に連絡がいく**。親や子ども、きょうだいに役所から「あなたの息子さん（娘さん／お兄さん／お母さんなど）が生活保護の申請に役所に来ていますが面倒を見られませんか」と問い合わせが入るのだ（DVや虐待がある場合は連絡してほしくない旨を伝えるとされないことになっている）。

家族に窮状を知られたくない、親に心配をかけたくない、子どもを心配させたくない——。そんな思いから、扶養照会が嫌で生活保護利用をためらう人は多い。

しかし、21年3月、そんな扶養照会に関するある通知が出た。通知には、**本人が扶養照会を嫌がる場合、丁寧な聞き取りをし、家族などが扶養できる可能性があるか検討すべき**とい

扶養照会に関する申出書・扶養照会に関する申出添付シート

氏名：

<親族の名前と間柄>

	1	2	3	4	5	6
同居していない親族のお名前						
この親族とあなたとの関係（1枚目の1を参照）						

<扶養照会をやめて欲しい理由> 当てはまるものに、✓か○をつけてください（複数回答可）。

					1	2	3	4	5	6
別冊問答集問5の1	課長通知第5	問2③	A	（この親族から）暴力や虐待を受けたことがある						
			B※	Aの他、この親族に扶養を求めることが、明らかに自分にとって有害である						
		問2①	C	被保護者（生活保護利用者）である						
			D	施設入所者である						
			E	長期入院患者である						
			F	主婦・失業中など、主な稼ぎ手でない						
			G	未成年者である						
			H	だいたい70才以上の高齢者である						
		問2②	I	この親族にお金を借りている						
			J	この親族と相続トラブルがある						
			K	縁が切れていて、著しく関係が悪い						
			L	一定期間（例えば10年程度）音信不通						
			M※	その他、明らかに援助してもらえない事情がある						
			N※	A～M以外の理由で仕送りが期待できない						

<※B・M・Nの具体的事情。その他、特に伝えておきたいこと>

		1	2	3	4	5	6
	※B、M、Nに✓をつけた方は、その具体的事情をお書きください。						

▲ 扶養照会に関する申出書添付シート

扶養照会に関する申出書 ▶

年　月　日

扶養照会に関する申出書

＿＿＿＿＿＿＿福祉事務所長　殿

氏　名　＿＿＿＿＿＿＿＿＿＿

1　私には、以下の扶養義務者がいますが、扶養照会は、しないでください。

〈実在する扶養義務者（同居していない親族）と私との関係〉（✓をつけてください）
□婚姻関係にある配偶者　□中学3年以下の子の親（離婚した元配偶者等）
□父　□母　□子　□祖父　□祖母　□孫　□兄弟姉妹

2　1の詳細と扶養照会をして欲しくない具体的理由は別紙のとおりです。

3　なお、私には、仕送りしてくれる可能性が高い「おじ・おば、甥・姪」はいません。

＊＊＊

以下の場合、福祉事務所は扶養照会をしてはならないことになっています【別冊問答集問5-1】。

① 夫の暴力から逃れてきた母子、虐待等の経緯がある者、その他当該扶養義務者に対し扶養を求めることにより明らかに要保護者の自立を阻害することになると認められる者【課長通知第5問2③】

以下の場合、福祉事務所は扶養照会をしなくてよいことになっています【別冊問答集問5-1】。

② 当該扶養義務者が被保護者、社会福祉施設入所者、長期入院患者、主たる生計維持者ではない非稼働者（家庭の主婦など）、未成年者、概ね70歳以上の高齢者、これらと同様と認められる者【課長通知第5問2①】

③ 当該扶養義務者に借金を重ねている、当該扶養義務者と相続をめぐり対立している、縁が切られている等の著しい関係不良、一定期間（例えば10年程度）音信不通、その他要保護者の生活歴等から特別な事情があり明らかに扶養ができない者【課長通知第5問2②】

④ 上記のほか、扶養義務履行（仕送り）が期待できない者

この申出書は、生活保護を申請するあなたの扶養照会についての意向を明確にするためのものです。それぞれの親族が仕送りしてくれる可能性があるかどうかを、別紙のシートにご記入の上、セットで福祉事務所職員にご提出ください。

「扶養照会に関する申出書」「扶養照会に関する申出書添付シート」は左のQRコードを読み込んだ先のサイトでダウンロードできる。読み込めない場合は下記のURLにアクセスを。
https://tsukuroi.tokyo/2021/04/20/1551/
記入例のサンプルなどもサイトに掲載されているので参考にしてほしい。

うことが書かれている。「扶養が期待できない」と判断されれば照会はされないのだが、その目安は**70歳以上の高齢者や本人と10年程度音信不通の場合**など。親が高齢だったり音信不通の期間が長ければ、扶養照会はされない方向に舵《かじ》が切られたのだ。

　これによって、「家族に知られたくない」という理由で申請をためらっていた人たちにも広く門戸が開かれた。長年「子どもに知られたくない」と言っていた高齢の野宿の人や、「どうしても親に知られたくない」とネットカフェ生活をしていた若者がやっと申請した、なんて話をあちこちから聞くようになったのだ。

「最後のセーフティネット」と言われながらも、申請の壁になっていた扶養照会。それがやっと「問答無用になされる」ものでなくなったのは喜ばしいことである。

が、そんな運用の変更がなされたあとにも「むりやり扶養照会された」という声がある。**心配な場合は、「つくろい東京ファンド」と「生活保護問題対策全国会議」が作成した「扶養照会に関する申出書」と「扶養照会に関する申出書添付シート」をダウンロードして持参するといい。55ページのＱＲコードをスマホなどで読み込めばサイトからダウンロードできる。**

　この申出書と添付シート、横山さんも使っているという。

「相談を受けた人と一緒に記載して、いつも使わせてもらっています。役所で何か言われても、国が出した通知に則って意思表示をしています、と言えるのでいいですね」

ちなみにそんな扶養照会、**連絡をして家族が金銭的支援をしている割合はと言えば、なんと0・7%**（朝日新聞　23年3月27日）。1%にも満たないとは驚きだ。ならば申請への壁をなくすためにもやめた方が現場も楽になるだろうに、なぜか今も続いている。ちなみにドイツの場合、扶養照会はよほどの大金持ちにしかなされないという。庶民であれば扶養照会はなし。日本もこれくらいにしたらいかがだろう。

ちなみにあなたの家族が生活保護を申請してあなたに扶養照会の手紙が来た場合、「金銭的援助は不可」にチェックして送り返せばそれでOK。どうしても援助したいなら止めないが、援助を断ったからと言って何かペナルティがあるわけではないのでご安心を。

そんな生活保護は**年金を受けていても利用できる**。年金では最低生活費に足りない場合、差額が出るという仕組みだ。

また、生活保護を利用すると健康保険証は返さなくてはならないが、**医療費は無料**になる。医療券をもらって受診するという流れだ。

先ほど無料低額診療について書いたが、ギリギリまで我慢して無料低額診療を受けることが続くような場合、一度生活保護を利用して休み、きっちり治療することを勧めたい。

また、生活保護にまつわる誤解としては**ペットがいたら利用できないなどもあるが、それも嘘**。ペットがいても問題なく利用できる。役所の窓口によっては「処分してください」などと恐ろしいことを言うところもあるが、処分する必要などない。もしそんなことを言われたら、**「生活保護法にはペットの飼育を禁止する規定はないはずです」と突っぱねよう**。それでも処分しろと言う場合、私が世話人をつとめる「反貧困ネットワーク」の「反貧困犬猫部」に問い合わせてもらうのも手だ。連絡先はホームページを見てほしいが、ここでは飼い主とともに住まいを失うなどしたペットの支援をしている。役所に違法な対応をしないよう求めたり、また、住まいがない場合、ペットと泊まれるシェルターが空いていたらそこを使えるかもしれない（満室のことが多いのだが）。

ちなみに生活保護を利用していても働ける人であれば「就労指導」というものがなされる。働いて自立を促されるのだ。そうして仕事が見つかり、収入が生活保護費を上回れば生活保護から「卒業」だ。

このようにして、路上生活になった、病気になった、失業したなどの時にワンクッション入れ、生活を立て直す手伝いをする制度が生活保護だ。

先に書いた「住居確保給付金」は家賃のみの支給なので、それだけでは苦しいようであれば生活保護の申請を勧めたい。

もうひとつ、書いておきたいのは、生活保護を申請すると時に「水際作戦」に遭う場合があるということ。ペットの処分を求めるのもそのひとつと言えるが、「若いから働ける」「あなたよりもっと大変な人はいる」などと追い返されてしまうというのが水際作戦。序章で書いた北九州や札幌の事件もこの「水際作戦」のせいで命が失われたケースだ。

このような場合、「首都圏生活保護支援法律家ネットワーク」などに連絡してほしい。地域別の相談先は258ページから。

ブラックリスト入りしても契約できる携帯

もうひとつ、携帯についても書いておこう。

料金滞納で携帯が止まった場合、**その情報が携帯会社間で共有され、数年間は新しく携帯**

電話を作れない場合もある。

そうなると仕事に支障が出るだけでなく、アパート入居が難しくなるケースもある。不動産業者の中には、通話可能な番号を持っていないと契約ができないところもあるからだ。

こうして「携帯がない」という事実は社会参加への大きな壁となって立ちはだかる。

そんな状況に対して、20年11月に厚労省からあるリストが出された。それは「生活困窮者等へ携帯電話等サービスを提供している事業者リスト」（過去の携帯電話利用料の滞納状況等に一定の配慮をし、携帯電話等の契約を行って頂ける通信業社のリスト）。

このリストでは、**クレジットカードがなかったり、携帯を作りにくい人でも利用しやすい事業者**が紹介されている。

リストは22年1月と23年10月に更新されているので、ここでは最新情報を紹介しよう。最新リストに掲載されているのは、「**誰でもスマホ**」「**イオンモバイル**」「**スカイセブンモバイル**」「**ゴルモバ**」「**レンタル携帯MVNOサンシスコン**」。

「誰でもスマホ」は過去に料金滞納などで他の会社での契約が難しい人でも契約可能。支払いはコンビニ決済、または口座振替のため、クレジットカードがなくてもOK。住民票など身分証明一点で契約可能。初期費用はスマホ（1GB）契約で990円（税込）、月額費用3

278円（税込）。

「イオンモバイル」は、過去にイオンモバイルでの滞納による強制解約がない場合、クレジットカードの与信が通るなど状況に応じて契約可能。最安プランは初期費用3300円（税込）、月額費用が528円（税込）。

「スカイセブンモバイル」は、審査基準は設定していないが身分証等の提示は必要だ。銀行口座のキャッシュカードがあればいいようだ。が、初期費用が最安で5500円（税込）から、月額費用が最安で3300円（税込）からと他のものよりは高め。

「ゴルモバ」も、過去、滞納により契約解除となった人もサービスの対象にしている。支払いはクレジットカード、口座振替のほか、コンビニ支払いも可能。最安プランで初期費用3300円（税込）、月額費用2178円（税込）。

「レンタル携帯MVNOサンシスコン」は、支払い方法が銀行振込、コンビニ決済、口座振替から選べる。ブラックリストに載っているなど携帯審査が通らない方でも契約できるという触れ込みだ。

初期費用は最安プランで990円（税込）、月額費用で3278円（税込）から。

以上、23年10月に更新された情報だ。参考にしてほしい。

友人がシングルマザーになると宣言

——ひとり親が使える各種の制度

さて、次は「**未婚の母**」**となるケース**。

例えば未婚の友人が妊娠し、産むと決心した時、使える制度にはどんなものがあるだろう。相手の男性にも家族にも経済的には頼れず、本人も余裕があるわけではないなんて場合だ。「収入が一定の金額を下回っていれば、**出産の際、入院助産制度が使えます**。これは出産費用のサポートが受けられるものです。また、国民健康保険か会社の健康保険に入っていれば、**出産育児一時金50万円が支払われます**。それ以外にも会社の健康保険に入っていれば、出産前後に会社を休んで給料が支払われない場合、**出産手当金も受け取れます**」

他にも**産前産後のサポートには**「**産前産後家事・育児支援サービス**」**がある**。一定期間、家事や育児の支援をしてくれる制度だ。また、**産後の母子が受けられる制度には**「**産後ケア事業**」**もある**。産後に心身の不調や育児不安があり、サポートが必要な人とその子どもが、短期入所や通所、居宅訪問という形でサポートを受けられる。

そのような窓口として「**子育て世代包括支援センター**」がある。妊娠や出産、子育てに関することが相談できる場だ。保健師や助産師、看護師、社会福祉士などのアドバイスが受けられる。

「それ以外にも、ひとり親であれば、さまざまな制度が利用できます」

どういうものがあるのだろう?

「まず**児童扶養手当**ですね。ひとり親の子どもが18歳になるまで支給されます。収入が多ければ少なくなったりもらえなくなったりしますが、満額だと一人目が4万4140円、二人目が1万420円、三人目以降が一人につき6250円、月額でもらえます」

それ以外にも使える制度はあるそうだ。

「**ひとり親家庭等医療費助成制度**も使えます。これは一人で子どもを育てている親と子どもが医療費のサポートを受けられる制度です」

また、ひとり親に限らず使える制度に「**子育て短期支援事業**」がある。病気や仕事、リフレッシュなどの際、子どもを一時的に預かってもらえる制度だ。ショートステイやトワイライトステイがある。他にも登録すれば使える制度に「ファミリー・サポート・センター事業」がある。子育ての手伝いを受けたい人がサポートを受けられる制度だ。

こう見ていくといろいろな制度があるので、フル活用を勧めたい。

難病と診断されたら
――難病医療費助成制度

次は「**難病**」について。

生きていればいろいろな病気にかかるリスクがあるが、「難病」と言われたら、どのような制度があるのだろう？

「難病の中にも指定難病というものがありまして、現在、338の疾病が指定難病となっています」

具体的には悪性関節リウマチや全身性エリテマトーデス、クローン病や先天性ミオパチーなどだ。指定難病一覧の中には、これまで見聞きしたことのない病名も多くある。

「これら**指定難病に対して、医療費の一部を助成する制度**があります。例えば現役世代の方は医療費の自己負担が3割ですが、2割になります。もうひとつ、月の医療費の上限額が所得によって決まるんですが、例えば所得が約160万〜370万円の方だと月に1万円が自己負担の上限、約370万〜810万円の方だと月2万円が自己負担の上限になります。生活保護世帯だと0円、本人年収80万円以下だと2500円。これが難病医療費助成制度です」

それだけでなく、他にも使えるサービスがある。

「指定難病のすべてではないんですが、**一部の難病の方は障害福祉サービスの利用ができます**。現在、366の疾病が対象となっています。日常生活の支援をヘルパーがしてくれたり、難病で仕事を辞めた方が、次の仕事を見つけるためのトレーニングができたりといったサービスです。自治体の障害福祉課に相談して頂ければと思います」

ちなみにこの障害福祉サービスも所得で上限が決まっているが、もっとも高くても自己負担の上限は月3万7000円。所得が月16万円以下だと自己負担の上限は9300円。

これらのサービスを利用するにあたっては、障害者手帳が必要なわけではなく、主治医の診断書があればOK。が、病気の症状によっては、障害者手帳を取ることもできる。手帳があれば、税金の控除が受けられたり、バスや電車の料金が割引されたりする。

ちなみに自分が障害福祉サービスの対象となるかどうかは、自治体から教えてくれるところもあるし、そうでないところもある。

「難病と言われた時、医療費の助成があるということは知られてきていると思うんですけど、それで生活のしづらさがあった時、日常生活のサポートをしてくれる障害福祉サービスも利用できるかもしれないということはもっと知られてほしいですね」

学費の負担が重い
――高等教育の修学支援新制度

次に紹介したいのは、20年にできたばかりの制度。

学費ということで本書の読者には直接関係ないかもしれないが、離婚し、別居している子どもが進学を考えている、あるいは親戚の子どもが学費に困っているなどの際、ぜひ思い出してほしい画期的な制度だ。まだあまり知られていないのでどんどん広めてほしい。

それは高等教育の修学支援新制度。

現在、大学生の二人に一人が奨学金を借りている。その額、平均で310万円。多くの若者が卒業後、その返済に苦しんでいるわけだが、この制度はそんな奨学金地獄から学生を解放する一歩となりえるかもしれないものだ。

「**高等教育の修学支援新制度は、返済の必要のない奨学金に加えて、授業料と入学金の負担が軽くなる制度**です」

対象となる要件はふたつ。

ひとつは「世帯収入や資産の要件を満たしていること」。具体的には、「**住民税非課税世帯かそれに準ずる世帯の学生**」が対象。

もうひとつは、「**学ぶ意欲がある学生であること**」。

このふたつの要件を満たす学生全員が対象だというのだから太っ腹ではないか。これまで、家にお金がなくて進学を諦めていた人々にも扉が開かれるような制度である。

では、具体的にはいくらくらいもらえるのだろう?

「世帯収入、進学先、自宅から通うか一人暮らしかなどで変わってきますが、私立大学に自宅以外から通う場合、給付型奨学金として年約91万円。また、授業料として約70万円(年・上限)、入学金として約26万円(上限)が支給されます。私立専門学校に自宅から通う場合は給付型奨学金として年約46万円。また、授業料として約59万円(年・上限)、入学金として約

16万円（上限）が支給されます」（「学びたい気持ちを応援します　高等教育の就学支援新制度」文部科学省　https://www.mext.go.jp/kyufu/student/daigaku.html）

これだけ出るなら進学に前向きになれるという人も多いのではないだろうか。特筆すべきは他の奨学金との併用も可能ということ。

が、ひとつ注意すべきなのは、「学ぶ意欲がある学生であること」という要件。

「成績が悪かったり、授業にあまり出席しなかった場合には支援を打ち切られたり、場合によっては返還などが必要となることもあるそうです。そこは注意が必要ですね。実際、大学生に話を聞くと、成績が悪くなることをおそれて難しそうな科目にチャレンジしようという時にブレーキがかかるという声もありました」

確かにそういう側面はあるだろう。

が、画期的な制度であることは間違いない。

申し込みは年2回、春と秋。大学や専門学校に進学する高校生は在学中に高校に、すでに大学生・専門学校生の場合は在学中の学校を通して申し込む。

学生だけでなく、学校の先生や親にも広く知られてほしい制度である。

生活費が足りない
——生活福祉資金

さて、次は**生活費が足りなくて困った時に使える制度**。

例えば仕事をしているものの、次の給料日までの生活費がない、もしくは仕事を始めたところで、最初の給料日までのお金がないなど。

このような時に使える制度はあるのだろうか？

「社会福祉協議会の**生活福祉資金の緊急小口資金**が使えると思います。緊急かつ一時的に困窮する世帯の自立を支援するための貸付制度です。無利子で10万円以内が借りられますが、一番大きい条件は、返済計画が立てられるか。今いくら足りなくて、いつ入金があるから月2万円は返せそうだとか、そういう算段がつくことが条件です」

そうして審査が通れば一週間ほどで振り込まれる。

もうひとつ紹介したいのは、失業などで困窮した人が生活を立て直すために使える「**総合支援資金**」。

これには「生活支援費」と「住宅入居費」「一時生活再建費」があり、生活支援費は原則3ヶ月（最大12ヶ月まで延長可能）、単身の場合月15万円までの貸付が受けられるもの。住宅入居費は敷金礼金など転宅のための費用として40万円までの貸付が受けられる。一時生活再建費は、就職活動や技能習得、滞納家賃などの立て替え、債務整理に必要な費用として60万円までの貸付が受けられる。

生活福祉資金には、他にも低所得世帯の子どもが高校や大学などに進学するための経費である「教育支援費」「就学支度費」などもある。

ちなみに窓口は各地の社会福祉協議会。各市区町村にあるので、地域名と社会福祉協議会で検索するといい。

給付ではなく貸付なので、返済しなければならないことはくれぐれもお忘れなく。

夫・妻が亡くなったら
――遺族年金

次に紹介したいのは、**配偶者がいたものの、亡くなってしまった**というケースだ。

死別という形で単身になる人も多いだろう。さまざまなケースがあるが、自身は専業主婦で3歳の子どもがいるものの夫が突然死、という例にしよう。このような場合、夫亡きあと、どのように生活していけばいいのだろうか。

「旦那さんが配偶者やお子さんに遺族年金を残せるような年金管理状況であれば、まず**遺族年金**ですね」

遺族年金とはその名の通り、残された遺族のための制度。「遺族基礎年金」と、会社員らが加入する「遺族厚生年金」の2種類がある。

遺族基礎年金は、亡くなった人が保険料を支払う期間の三分の二以上を納めているなどの要件を満たせば、子のいる配偶者や子どもに支給される。

子がいる配偶者の場合、男女問わず年79万5000円（23年度）と、子の加算額がもらえる。ちなみに第一子、第二子は各22万8700円、第三子以降は各7万6200円。ということは、3歳の子ども一人と妻が残されたケースだと、年間102万3700円が支給される計算だ。ちなみに子どもには18歳になるまで支給される。

会社員であれば、ここに「遺族厚生年金」が上乗せされる。子どもがいるいないは関係ない。が、この制度、「男女格差」があるとの批判が根強い。

まず、妻を亡くした夫は、夫の年齢が55歳以上でないともらえない。54歳以下だと1円ももらえないということになる(18歳未満の子どもがいれば、子どもは遺族厚生年金を受給できる)。が、子のいない妻が遺族の場合は「中高齢寡婦加算」という、さらに上乗せでもらえる仕組みがある。40歳以上であれば、65歳になるまで年間約60万円。これによって、男性に厳しく女性に甘い制度と言われることもある。

一方、子どものいない30歳未満の妻には遺族厚生年金は5年間しか支給されない。「子どもがいなけりゃ若い女は再婚できるだろ」「男たる者、妻の遺族年金なんかあてにしないで自分で稼げ」という、制度設計をしたおじさんの心の声がダダ漏れな制度なのである。

ちなみにこの遺族厚生年金、配偶者や子だけでなく、父母や祖父母も対象だ。

一方、例に出した「3歳の子どもを抱え夫を亡くした妻」が遺族基礎年金しかもらえなかったら到底暮らしていけないわけだが、このような場合、他に使える制度はあるのだろうか？

「ひとり親世帯になったことで、**児童扶養手当**がもらえます」

それ以外にも前述したひとり親への支援が受けられる。

「それ以外には、ひとり親の方が新しい仕事を見つけるための技術を学ぶ時の助成や、相談できるサービスなんかもあります」

具体的には、「**ひとり親家庭高等職業訓練促進資金貸付事業**」「**母子家庭等就業・自立支援センター事業**」「**ひとり親家庭等在宅就業推進事業**」「**母子・父子自立支援プログラム策定事業**」などなど。それにしても、こういうサービス、なぜ漢字だらけで絶対に覚えられない似たり寄ったりの名前なのか。まずネーミングからなんとかしてもらえないだろうか。

一方、役所でさまざまな手続きをしても、必要な情報に辿《たど》り着けないこともあると横山さんは指摘する。

「例えば役所では、ひとり親の経済支援や日常生活支援についてハンドブックを作ったりしているんです。が、それを作るのは子育て課で、そこで担当している児童扶養手当なんかについては書かれているんですけど、遺族年金は年金課。なので、そういうハンドブックに遺族年金のことが書かれているのはほとんど見たことがないですね」

日本名物、役所の縦割り問題である。

例えば年金事務所で遺族年金だけじゃ生活していけないと訴えても、児童扶養手当や生活保護について教えてもらえることは稀《まれ》だという。

「本当は、相談員の人が『○○さん、遺族年金と児童扶養手当でこれくらいの収入になりそうだけど、他に何か収入はありますか』と確認してくれて、お子さんが小さくてまだ働けないようでしたら生活保護を使ったらどうですか、などとやってくれればいいのですが」

まったくもってその通りだ。

ここで書いておきたいのは、役所や行政の窓口の人は自分の担当していることには詳しいけれど、他の制度には門外漢だということ。このことは、肝に銘じておいてほしい。本当はその辺をナビゲートしてくれる「すべての制度を知り尽くした主」みたいな存在がいてくれるといいのだが、今のところそうはなっていない。

また、物理的な問題として、働いていたら平日昼間に年金事務所へ行き、そこから役所に行き、場合によっては社会福祉協議会に行くなんてこと自体が不可能だ。ワンストップの窓口で対応してくれたらどんなにいいだろう。

しかし、この国の制度は迷子になるようにできている。今からでも改善されてほしいものである。

DV男や毒親に居場所がバレたくない
——支援措置、行方不明者の不受理措置

さて、次はDV案件だ。独り身でも恋人がいる人は多いだろう。いない場合も、これから先できる可能性がある。そんな時、**相手がDV男**だったら——。

「**配偶者暴力相談支援センター**に相談してください。電話やメールで相談できる上、**性別は問わない**ので男性も相談できます。**暴力から逃れるための住まいや経済的な支援制度の利用などについてサポート**を受けることができます」

でも、「配偶者」とついているから恋人は対象にならないのでは?

「名称が悪いですよね。でも、**パートナーでも大丈夫**です。24時間受付で、DVについて相談できます。**全国共通ダイヤル『#8008(ハレレバ)』**に電話をかけると、最寄りの配偶

者暴力相談支援センターにつながります」

それ以外にも、国が行っている相談窓口には「**DV相談＋**《プラス》」がある。24時間、電話、メール、チャットで連絡をすることができて、電話番号は0120-279-889。

さて、DVから今すぐ逃げたいという場合はどうなるのだろう。

「**緊急の場合、一時保護施設（シェルター）や婦人保護施設、母子生活支援施設**に入ることもできます。一時保護施設はDV被害に遭った女性が身を守ることができる一時的な施設で、これから先の生活に関する相談をすることができます。婦人保護施設、母子生活支援施設はDVやストーカー被害、経済的な困りごとによってサポートが必要な場合に利用できる施設です」

ちなみにこれらの施設が想定しているのは被害を受けた女性とその子ども。

さて、そうして婦人保護施設などに入ったら、**携帯が使えなくなるケースもある**ことは覚えておいてほしい。

「**どこにその施設があるかバレてはいけないとか、夫・彼氏が連れ戻しに来る可能性があるということで、携帯を施設がお預かりするということはあります**。ただ、今は少し変わってきているとも聞いています」

　このようにして命からがらDV男から逃げ、支援を受けて引っ越したとしても、結婚していたら、住民票や戸籍の住所を見ることができる。そのために住民票が異動できなかったり、異動したら新住所が夫にバレたなんて話は枚挙《まいきょ》にいとまがない。これについては「毒親」から逃げる場合も同様だ。親子関係であれば、やはり住民票や戸籍を見られるので同様のことが起きてしまう。

「このようなことに対しては、**戸籍や住民票の閲覧交付を制限する措置**ができます。DVや虐待被害者の申出により、役所が被害者の住民票や戸籍の閲覧に関して、加害者およびその代理人からの請求を受け付けない対応のことです」

　これを「支援措置」という。過去は「閲覧制限」と言っていた。**役所の住民課で「支援措置をかけたいです」**と言えばいい。伝わらなかったら、家族に住民票を見られない手続きをしたいと言おう。

「ただ、**この措置の期間は原則として申出から1年間なので、延長が必要になれば、期間終了前に延長の申出を行う必要**があります」

　メンド臭いけど、背に腹は代えられない。

「もうひとつできることとして、**行方不明者の不受理措置**というものがあります」

初めて聞くキーワードだ。

「DVや虐待加害者が捜索願を出すことがあると思うんですけど、警察にそれを受理しないでくださいという申出をしておくことです」

そうすれば、警察が動くこともない。いざという時のために、ぜひ覚えておきたいものである。

また、DVやストーカー、児童虐待に関係する法律相談が無料または安く受けられる制度もある。それは「DV等被害者法律相談援助制度」。窓口は法テラスだ。

数年後、お礼を言いに来た「患者」たち

さて、ここまでさまざまな社会保障制度に触れてきたが、「もともと知ってた」というものはどれくらいあっただろう?

使える制度は意外とある。けれど知られていないなんて、本当に勿体《もったい》なさすぎると思うの

だ。

ちなみに横山さんに、「これはいい制度だな」と思うものは？　と聞いてみると、「**傷病手当金**」とのこと。

「病気をすると生活費の心配と医療費の負担がダブルでやってくるんですよね。なので、**傷病手当金という所得の保障があることを知っているか知らないかで、闘病の中での不安のひとつが軽減される**と思います」

詳しくは次章で紹介するが、本当に、傷病手当金があるかないかでは天地ほどの差がある。ちなみに国民健康保険加入者の私は使えないのだが。

そんな横山さん、病院勤め時代にネットカフェから緊急搬送されてきた人たちを見てきたわけだが、その後、その人たちはどうなったのだろう？

「何人かは、数年後に訪ねてきてくれました。一人は安定した仕事についたということでスーツを着てこられて、『もうそういう生活じゃなくなったんだ』と言いに来てくださったんです。

もう一人、3年後くらいに彼女と一緒に『結婚することになった』と言いに来てくださった方もいました。彼女に紹介されて、『こいつ、自分より若いんだけど、すごくお世話になったから君に会わせたかったんだよ』と言ってくださって。そんな数年後を見せて頂いて、本当にありがたいですね」

なんともいい話ではないか。

横山さんの話からもわかるように、何かアクシデントが起きた時、社会保障制度が身近なものであれば、すぐに生活を立て直せる。しかし、そうできずに長期化すればするほどダメージは大きくなる。もし彼らがネットカフェで体調を崩して救急車で運ばれなかったらセーフティネットにひっかかることができず、今頃、さらに悲惨な状況になっていたことも予想される。

序章で書いたように、ちょっとした情報のあるなしで生き死にが分かれてしまうのが今のこの国の現状なのだ。

さて、次章では、働く上でのトラブルについて、使える技や制度を網羅していく。

第2章

仕事

――プレカリアートユニオン執行委員長・清水直子さんに聞く

2023年7月、アメリカ・ハリウッドで始まった俳優組合のストライキは、世界中に衝撃を与えた。

動画配信大手などに公正な利益配分を求めるもので、俳優組合のストライキは43年ぶり。また、5月からは脚本家のストライキも行われており、俳優と脚本家のストライキが同時に行われるのは実に63年ぶりだと話題になった。そんな俳優組合の組合員は約16万人。このストライキは日本にも影響を与え、トム・クルーズ氏の来日が中止になるなどした。

映画やドラマの製作、宣伝活動も中止されるなどエンターテイメントの世界に大きな影響を与えたストライキは23年11月、制作会社側と新たな労働協約を結ぶことで暫定合意。協定には最低賃金の引き上げや出演作が動画配信された際のボーナス、「AIの脅威からメンバーを守る前例のない同意や報酬の規定」が盛り込まれ、一連のストライキは終結となった。

華やかなハリウッドスターも組合に入り、自分たちの権利を求めてストライキという手段を使う――。このことに驚いた人も多いのではないだろうか。

が、「権利」は自動的に守られるものではない。それは俳優だって同じだ。時代の流れによって変わっていく状況――今回のことであれば、動画配信がポピュラーになったり、AIの発達によって俳優の待遇が悪くなること――に対して当事者が訴えないと問題は「なかったこと」にされる。それどころか、そもそも気づかれもしないだろう。

　ということで、この章では、働く上で起きるさまざまなトラブル――解雇された、仕事で怪我をした、仕事を失った、パワハラでメンタルを病んだなどなど――が起きた時に使える技や制度について、プレカリアートユニオン執行委員長の清水直子さんに話を聞いた。

これまで約500件の相談を解決

　プレカリアートユニオンは、誰でも一人から入れる個人加盟の労働組合。12年、清水さんら十数人で結成された。

　その背景には、非正規など不安定な状態で働く人が職場の労働組合にもなかなか入れず、違法な解雇などに遭っても相談先もわからず、泣き寝入りせざるを得ないような状況が続いてきたことがある。

　ちなみにプレカリアートとは、序章でも触れたが「不安定な労働者」という意味の造語。

非正規雇用で働く人はもちろん、長時間労働や過労に晒《さら》される正社員も含む概念だ。

よってプレカリアートユニオンには契約社員、派遣、アルバイト、パートなどの非正規だけでなく、正社員も入ることができる。

現在、組合員は約300人。執行委員長である清水さんはこれまで約500件の相談を解決に導いてきたというからすごい。

そんなプレカリアートユニオンのサイトには「解決事例」がずらりと並ぶ。

列挙されるのは、コールセンターや歯科クリニック、運送業や電子機器メーカー、社会福祉法人、大学などなどあらゆる業種。これらの職場で働く人たちから相談を受け、交渉した結果、和解による解決金支払いや待遇改善、賃上げ、未払い賃金の支払い、無期雇用への転換などを勝ち取ってきたのだ。

中でも驚いたのは、無理な業務を強いられて大怪我をしたトラック運転手の事例だ。会社から「労災にはしてほしくない」と言われ、後遺障害も認定されたのにわずか1730円しか補償されなかったのが、プレカリアートユニオンに加入して交渉した結果、労働審判で和解。なんと会社から1000万円近くの解決金が支払われたという。

黙って泣き寝入りしていたら2000円弱で済まされてしまったのが、法的な知識と実績豊富なユニオンが入ることで、これだけの補償を得ることができたのだ。

そんなプレカリアートユニオンには現在多くの支部がある。運送会社、警備会社、ビルメンテナンス会社、ホテル、販売業、介護事業所などなどだ。最近は、現代アートに携わるアーティストたちによってアーティスト支部も立ち上げられた。

ということで、清水さんに仕事にまつわるトラブルについて聞いてみよう。

まずは、「突然仕事を解雇／契約終了となった時、使える制度はあるのか」から。

その解雇、違法で無効かも

「まず覚えておいてほしいのは、**日本では簡単に解雇できないし、解雇の8～9割は争えば労働者側が勝てる**ということです。**争えば、というのは、組合に入って交渉したり労働審判をしたり、裁判したりです**。私が交渉したり解決してきた感覚だと、**8～9割の解雇は違法で無効**です。よく二大解雇理由と言われる、**『能力がない』『会社の経営が苦しい』くらいで**

は正当な解雇理由にはなりません」

よくある理由だが、これが違法で無効とは驚きだ。

「まず知っておいてほしいのは、**解雇には『正当な理由』が必要**ということです。業務に対して何が求められる能力なのかも問われるし、指導や教育、訓練をする責任も一定は会社にあるので、それらをやった上でなお能力がないと言っているのか。**ほとんどの場合、指導も教育も訓練もしないで能力がないと言っている**んです。

また、経営が苦しい、会社にお金がない、君の仕事がないなどと言われると納得してしまいそうですが、**経営が苦しいくらいの大雑把な理由では解雇できません**。経営不振などを理由にした解雇は整理解雇と言われるのですが、整理解雇は要件が決まっています。

本当に解雇をする必要性があるのか、解雇を回避するための努力を尽くしたのか、解雇される人の選定は合理的なのか、事前に説明や協議を尽くしたのか、です。

例えば**役員報酬はそのままなのに、働く人だけクビというのはおかしい**。雇用を守るため、経費を削減するなど他の努力をしたのか。漠然と『経営が苦しいからクビ』は通らないんです」

しかし、受け入れざるを得ない解雇もある。

「**横領していたとか、悪質なセクハラをしていた、理由も言わずに出勤しなくなった、などの場合は正当な解雇と判断される可能性が高いです**」

ちなみに非正規でも、不当な解雇からは当然守られる。「アルバイトだから仕方ない」と受け入れる必要はないのだ。

「契約終了」でも泣き寝入りしなくていい

それでは、解雇ではなく「**契約終了**」ではどうだろう。こちらは受け入れるしかないのだろうか？

「そうとは限りません。雇用には、正社員のように期間の定めのないものと、1ヶ月、3ヶ月、半年とか雇用契約期間が決められている有期雇用の場合があります。

最初から1ヶ月契約で、更新はしませんという契約になっていた場合は契約が満了しただけですが、**何度も繰り返し更新されていたら話は別**です。

例えば、**契約は半年と決まっているけれど、『あなたには5年間かかるプロジェクトの仕事をずっと続けてほしい。この契約は形式的なものなんだよ』という説明を受けながら契約更新されていた場合は、長く働けることを期待できる状態です**よね。そのような場合、**単なる契約満了では解雇できません**。先ほど、解雇は正当な理由なくできないと言いましたが、何度も更新していた契約満了の場合も、それに近い程度の解雇理由が必要になります。

また、経営が厳しいという理由だったとしても、**単なる店舗閉鎖だけでは正当な解雇理由とは言えません**。他に何店舗もあれば、別の店舗に異動させればいい。Aという店舗で働いていたパート、アルバイト、契約社員の人たちは店舗閉鎖なので全員クビですというのは正当な理由ではありません。**店舗ではなく、会社と雇用契約をしているので、他の店舗へ異動しませんかと事前にオファーをすればよい**のです」

もしも解雇を受け入れるなら
――解雇予告手当

「一方で、解雇自体は受け入れる場合、**解雇予告手当**を受け取ることができます」

それはどういうものだろう。

「**解雇には、解雇の予告か解雇予告手当が必要**です。

会社側は、**解雇をしようとする時は少なくとも30日前に予告するか、30日分以上の平均賃金を支払わなければなりません。即日解雇の場合には30日分以上を払う必要があります。**

ただ、解雇予告手当を支払えば解雇できるということではありません。ですが、**解雇に納得していないのに解雇予告手当を請求してしまうと、解雇を受け入れたことになってしまいます。**

例えば**労働基準監督署に『解雇された』と相談に行くと、本人は解雇を撤回してほしいのに、解雇予告手当を請求しましょうと言われることがあります。**労基署のカウンターには相談員と呼ばれる人がいるのですが、中には『追い返しおじさん』『追い返しおばさん』と言われるような対応をする人もいます。人手が足りないことの影響でしょう」

生活保護の窓口の「水際作戦」と同じようなことが労基署でも起きているとは驚きである。「そうなんです。仕事を増やしたくないがために、解雇を撤回したい人に解雇予告手当の話だけして帰してしまうこともある。

本人がそれでいいなら問題ないのですが、**解雇は受け入れられないという人が解雇予告手当を請求すると受け入れたことになってしまう**ので、注意が必要です」

これは覚えておくべき点だ。

仕事を失ったら
——雇用保険

さて、このように解雇や契約終了で仕事を失った場合、困るのは生活費だ。使える制度は——。

「**雇用保険の給付ですね。いわゆる失業保険**です。

まず、**自分が雇用保険に入っているかどうかを確認**してください。**給与明細で健康保険料、厚生年金などが引かれていると思うのですが、雇用保険料も引かれているはず**です。雇用保険の加入要件は、一週間に20時間以上働いていること、31日以上働く見込みがあることなどで、**パートやアルバイトでも加入**できます。

まず、これが引かれているか確認する。雇用保険は、失業して、次の仕事を探している間に生活を成り立たせるためのものです。会社を辞めたらだいたい**2週間以内に離職票が届くので、それを持ってハローワークに行って手続き**をする。いくらくらいもらえるかは、辞め方や年齢、働いていた期間によって違うんですが、**ざっくり給料の7割くらい**と思ってもらえればいいと思います。

辞め方のパターンによって、雇用保険がすぐもらえるかどうかが変わります。**大きいのは自己都合か、会社都合か**。

自己都合で辞めてしまうと受け取れるのは2ヶ月後くらいですが、会社都合で辞めた場合は、この給付制限期間がなく、自己都合退職の時より早くもらえます。なので辞めるなら、会社都合で辞めた方が得ですね。

よく、**『解雇されるくらいなら自分から辞める』と言う方がいるんですが、それは損だと**

思います。雇用保険を受ける条件は、会社都合の方が全然いい。これは覚えておいてほしいポイントです」

では、そもそも雇用保険料が明細で引かれていない場合はどうすればいいのだろう。

「**引かれていない状態で解雇されたり、解雇されそうな場合は給与明細を持ってハローワークに行ってください。加入できる要件を満たしているのに加入していなかった場合、被保険者資格確認請求をして、加入要件を満たしていると認められればハローワークの職権で加入できます。**

いい加減な会社で、雇用保険に入れないまま会社が潰れてしまったという場合などは、このような手続きをすることで雇用保険が受け取れます」

だいたいある 未払い賃金

一方、解雇されたものの未払い賃金があるというケースもままある。

「解雇問題で相談に来られる方に、入社時から遡《さかのぼ》って話を聞いたり給与明細を見せてもらうと、**だいたいの会社で賃金の未払いがあります**。

例えば介護職だと、夜勤の場合、多くがワンオペです。仮眠の時間が4時間ほど設定されていて、その間の給料は支払われていないけれど、特別養護老人ホームなどの夜勤でワンオペだったら絶対と言っていいほど4時間もの間、休憩や仮眠なんかできません。なので介護職で夜勤がワンオペだったらほぼ未払いがあると考えてよい。

運送会社も残業代の未払いが多いですね。長距離トラックのドライバーなら、3年分遡ると未払いが軽く1000万円を超えることも珍しくありません。荷物を積んで一週間帰って来られないような働き方をしている方は、2000万円の未払いがあることもあります。

業種に限らず、タイムカードを押す前に着替えていたり、手を洗って消毒して検温して日報を見て、などがある場合も未払い賃金が発生していることになります。着替えなども労働の準備なので、本来はタイムカードを押してから着替えるべきです」

プレカリアートユニオンでは、そのような未払い賃金も交渉の末、解決金として支払わせてきた実績がある。

労働組合に入るメリット

ここで労働組合についての基本的なことを説明してもらおう。

「仕事でいろいろなトラブルがあった場合、プレカリアートユニオンのような、一人で入れる個人加盟の組合に入れれば、**会社との間に団体交渉権が生まれます。会社側は、労働組合からの団体交渉要求を正当な理由なく拒否できない。団体交渉の応諾義務があります。**それだけでなく、使用者側は根拠を示して主張し、**労働者側を納得させる努力が求められる誠実交渉義務というものもあります**」

ちなみに団体交渉とは、労働者が使用者との間で労働条件などについて交渉すること。会社はこれに応じなければならないのだ。

「**拒否したら、不当労働行為という、労働組合法違反**の行為になります」

また、労働組合に入るメリットとして、働いていた記録、労働時間の記録を本人が持っていない場合、会社に要求できることもあるという。

「未払い賃金を払えという要求を協議事項で挙げて、でもこちらには証拠がないという場合、団体交渉の協議事項の根拠資料としてタイムカードの写しや賃金台帳の写しを出すよう要求することができます。私たちはたいてい就業規則や賃金規定、個別の労働契約、雇用契約書の写しやタイムカード、運送会社なら運行日報など、労働条件や労働時間などの資料を出すよう要求しています。誠実交渉義務があるので、たいていの会社は出します」

それが証拠、根拠となり、未払い賃金の額も割り出されるというわけである。

「根拠のない空中戦ではなく、資料や事実に基づいて解決を目指しています」

解雇に納得できないという場合も団体交渉で撤回を求めることができる。交渉によって撤回されることもあれば、復職は認められずとも解決金という形で和解することもあるという。

そんなプレカリアートユニオンの組合費は、収入に応じて月1000〜3000円。年収140万円未満が1000円で、360万円以上の人が3000円、その間の人が2000円だ。

これで知識豊富な専門家に相談でき、また日常的に情報交換ができる助け合いのコミュニティに入れるというのは、かなりコスパがいいのではないか。

会社が給料を払ってくれない

——未払賃金立替払制度

さて、次の相談だ。**会社の経営が厳しく、給料を払ってもらえず生活できない——**。たまに耳にする話だ。

「払ってくださいと言っても払ってくれないわけですね。もう未払いが生じていて倒産する可能性もあるので、**プレカリアートユニオンのような個人加盟のユニオンか、労働弁護士のところに相談に行った方がいい**ですね」

労働弁護士とは、労働問題を専門に扱う弁護士のこと。ネットで「日本労働弁護団」と検索すればいい。また、個人加盟のユニオンは、自分の住む地域名と「ユニオン」で検索すれば出てくるはずだ（ちなみにインターネット上には闘う労働組合への誹謗中傷も一部あるが、鵜呑《うの》みにはせずに自分で相談するなどして確かめた方がいい）。

「単なる未払いであれば、**会社（事業場）を管轄する労基署に、自分が働いた記録と給与明細、雇用契約書、振り込まれている口座情報などを持って、『払ってください』と請求した**

けれど払われなかったと伝え、賃金未払いの申告をする手があります。これはタダでできます。労基署から会社へ指導や是正勧告がなされ、支払われることがあります。

ただ、先ほども説明したように、『賃金不払いの申告に来ました』と言わないと適当に追い返されることもあります。要は**『相談に来ました』と言うと、相談ですね、となってただ話を聞くだけで終わり、申告できず無駄足になることもあります**」

またも登場、水際作戦である。驚くべきことだが、この国の行政機関でうっかり「相談に来ました」なんて言うと、体良く追い返されてしまう可能性大なのだ。この場合、「相談」ではなく「申請しに来ました」「申告に来ました」「手続きに来ました」が正解なわけだが、いったいなんの申請・申告・手続きが必要がわからない場合の方が多いはずだ。事前に調べるのもひとつの手だが、とにかく行政機関には「相談だけで追い返し」をなくすよう、求めたい。

ちなみに会社が潰れてしまい、給料が払われなかったという場合は何か手立てがあるのだろうか。

「労働者健康安全機構が事業者に代わって支払う、**未払賃金立替払制度というものがあり、労働基準監督署で手続きできます。**

これも労基署に、働いていた実績を持っていけばいいです。できれば働いていた時間の記録などもあるといいですね。給料の全額ではないですが、立替払いをしてもらえます」

会社が倒産、社長も逃げたとなるともうアウトと思っていたけれど、国がちゃんと立て替えてくれるのだ。

「あまり知られていない制度ですが、絶対使った方がいいですね。とにかく未払いのまま会社が潰れた時はこれです」

その弁償金、払う必要なし

では、仕事でミスをして、**会社から弁償金を請求された場合**はどうすればいいのだろう。支払う義務はあるのだろうか。

「まず言っておきたいのは、わざと会社の車を壊したとか、お酒や薬物を使って事故を起こしたなどの故意、重過失でない限り、**仕事上の事故の責任は会社が負うべきもの**だということとです。

なので、弁償しろという話をされた場合は、まず**『わかりました』『払います』と言わないことが重要**です。できるだけ早く、個人加盟のユニオンや労働弁護士に相談しましょう」

弁償の場合、会社が給料から天引きするなんてこともよく聞く話だ。

「そうなんですが、**勝手に天引きすること自体、手続きとしてまず違法**であるということも覚えておいてください。労働基準法24条で、**給料から何かのお金を引く時は、賃金控除協定という協定を結ばなくてはいけない**ことになっています。これは労働者の過半数の代表者と会社とで、引くお金の種類を明確にして協定書を取り交わすものです。それで引かれていいよとなっているのが税金や社会保険料、また寮費や組合費などですが、この協定を取り交わさずに天引きすることは手続きとして違法です。

では、会社が強引に労働者代表と『弁償金を天引きする』という協定を結べば天引きできるのかと言えば、いくらになるかわからない弁償金のような漠然としたものは、含めるべきではありません。

多いのは、**会社が本人に同意書を書かせるケース**ですね。勝手に引いたら違法なので、働く側が同意していることを示すためのものですが、**これには決してサインしないでください。**

責任感の強い人ほど『払います』と言ってしまいがちなんですけど、同意しないこと。引いていいですと言わないこと。

すでに払わされてしまったとしても、相談に来てくれれば返せという要求もできます。百歩譲って少しは弁償するという場合も、**金額は必ず確認すること。**その金額で妥当なのか検証の必要があります。

一方的に引かれていたという場合は単に違法なので、先ほどの、労基署で賃金未払いの申告をすることでも対応できます。

弁償金天引きは引っ越し会社や運送会社に多いです。会社に丸め込まれたら高額な負担をさせられるので、『はい』と言う前にまず相談を。その業種の人には特に覚えておいてほしいですね」

仕事で病気や怪我をしたら
――労災保険

では、**仕事が原因で病気になったり、怪我をした時は？**

「**労災保険で対応します。**仕事が原因の病気や仕事中の怪我は労災保険という国の保険で補償されます。

ひとつ気をつけてほしいのは、**仕事で怪我をした時に、会社が親切を装って『自分の保険証を使って病院に行ってきなさい。それで病院のレシートをもらったらお金を払ってあげる』と言うことがあるんですが、それはただの労災隠し**です」

知らなかった……。では、どうするのが正解だろう？

「**まず、労災指定病院に行く。**一定規模の病院は労災指定病院なので、『**労災です**』**と言うと、窓口負担なしで治療してもらえる**ことが多いです。だから仕事中に怪我した、という時は労災指定病院に行けば窓口負担はなし」

保険証がなくてもいいのだろうか。

「というか、**健康保険を使うのではなく、労災保険を使わなければなりません**。労災指定病院でない医療機関では、一旦自分で全部立て替えてくださいと言われることがあります。それはあとで手続きして取り戻します。が、立て替えるのは負担が大きいので労災指定病院に行きましょう」

コロナ感染も労災に

ちなみに労災で補償されるのは治療費だけだろうか？

「**治療費だけでなく、休業補償や後遺症の補償もあります**。最近だと、**職場のコロナ感染でも労災**になります」

これは「知らなかった」という人が多いのではないだろうか。

「**職場でクラスターが発生して感染した時は労災**ですね。職場だけでなく、**仕事上の会合での感染も労災**です。治療費も補償されます」

多くの人が労災であることなど考えもせず自分で病院に行っているわけだが、どのような手続きをすればいいのだろう。

「労災の手続きは自分でできるので、すでに病院に行っていたとしたら労基署で労災の用紙をもらいます。治療費の用紙と休業の用紙、二枚あるのでそこに状況を書きます。会社に証明してもらう欄もあるのですが、**会社が書くのを拒否した場合はそのことをそのまま書いて出せば労災申請**となります。職場で何人もコロナにかかっているような状況であれば労災として通り、治療費と休業手当が出ます。**労災かどうかは会社ではなく労基署が判断**します。なので判断に有利な証拠を集めておきましょう」

業務外の病気や怪我で働けなくなったら
――傷病手当金

では、**仕事が原因ではない病気や怪我で働けないという場合、どのような制度があるの**だろう。

「こういう時に使うのが、**健康保険の傷病手当金**ですね。自営業など国民健康保険の人は使えないんですが、**給与明細で健康保険料が引かれていたら、健康保険組合の傷病手当金が支給**されます。

仕事に関係ない、プライベートで遊びに行って骨折したといった場合です。それでお休みしなければいけない時のための制度です」

第1章で横山さんが推していたアレである。どうやって手続きするのだろう。

「健康保険組合です。まず、**健康保険組合のホームページで傷病手当金を受ける時の申請書類をダウンロード**してください。**それを持って病院に行って、申請書の証明欄のところに、働けないということを医師に書いてもらいます**」

診断書はなくて大丈夫だという。

「診断書だと5000円くらい取られるんですけど、医師に傷病手当金の申請書類に記入してもらうのは数百円で済みます。あまり経験がない病院だと診断書くらいの費用を請求されることがあるので、もしそういうことがあったら、これは数百円のはずですよと指摘した方がいいですね。

申請書には、休んだ間、給料を払っていないことを会社に記入してもらう欄があります。

それを出せば、お金が振り込まれるという流れです。**働けない間、給料の三分の二ほどが支払われます**」

ちなみにフリーランスの私は国民健康保険なので傷病手当金は使えないわけだが、かなり羨ましい制度だ。

「だから会社の健康保険には入っておいた方がいいです。でも、会社によっては『給料の手取りがいい方がいいだろ、保険料引かれたくないだろ』と言って会社の健康保険に入れないこともあるんです。残念ながら、そういう状態で働いていると使えません」

傷病手当金、あるとないとじゃ大違いだ。

「本当にそうです。あと、**本当は労災かもしれないけれど、労災手続きに至るまでに今の生活が大変という場合もとりあえず傷病手当金を使うことができます**。メンタルの病気なんかで労災認定されるか微妙という時などですね。まずは傷病手当金で生活の不安を取り除いてから、労災認定を目指せばいい。労災が認定されたら労災の補償の方に移行すればいい。認定されなかったら、そのまま傷病手当金でいい。そういう使い方もできるんです」

そんな傷病手当金だが、使える期間は最長で1年半。最初に使った日から1年半という数え方ではなく、傷病手当金を受け取った日数が1年半となったら打ち切りだ。

上司のパワハラで退職したが……

次は、**上司のパワハラでメンタルを病んで退職したが、上司は今も元気に働いていて納得いかない**、というケース。

「こういうケースでモヤモヤしている人は多いですが、これは何を獲得目標、ゴールにするかですね。まずは、**パワハラを受けた時点で、録音などの証拠を持って相談に来てほしいです**」

証拠としてもっとも強いのは音声だという。

「あとはメールですね。とにかく証拠を取る。そのあとどうするかは後から決めてもいいので、まず証拠を集めておく。証拠がないと解決しづらいんです」

一方、**メンタルを病んだ場合、退職の前に休業を考えてほしい**と清水さんは強調する。

「病院に行って診断書を出してもらい、一旦休む。それでものすごくつらい状態から一回離れて、落ち着いて自分を癒す。できれば退職する前に相談に来てほしいですね。退職はいつでもできます。まず休んでほしい。

休業して組合に入って交渉するという場合、パワハラの責任を追及して、謝罪や補償、再発防止を講じることなどを要求します。何がダメなのかを交渉を通して会社側に理解してもらい、責任を取らせ、受けた損害によっては補償をさせ、就労環境を整える。再発防止のためのハラスメント講習を受講させるといったことも含めて要求します。

会社によっては、ハラスメント相談窓口が形骸化しているところもあります。例えば社長や、ハラスメントをしている当事者が相談窓口だったりするんです。交渉の中では、窓口を複数にすることを求めたり、そもそも窓口になっている人はハラスメントに対応するためのトレーニングを受けているのかを確認し、受けるよう要求もします。

その過程で、安心して戻れる環境を作りながら、復職できる状態になったら復職するというのもひとつの解決のあり方です。

ただ、もうそんな職場にいたくないということなら交渉して和解となり、解決金を支払わせるということもあると思います。

自分が深い傷を負ったのにハラスメントしていた上司が元気に働いていることが納得いかないというのは、気持ちはとてもわかるのですが、復讐はゴールにすべきではないと思います。**再発防止や謝罪、補償はゴールにできますし、何を要求するかの整理は組合に相談に来てもらえればできる**と思います。

もうひとつ、組合に入ったり、何かを主張したりするくらいの気力もない状態で退職する時は、**退職理由にハラスメントを受けたとしっかり書き込む**というのも重要ですね。その時は、できるだけ明確に、いつ、誰からどういうハラスメントを受けたので退職するかを書くといいですね。動けるようになったら動きましょう」

「偽装フリーランス」の雇用責任

次は「**偽装フリーランス**」**がメンタルを病んだ場合**のケースだ。

偽装フリーランスとは、形式上は個人事業主として会社と契約を結び仕事を請け負っているのに、実態は自由な裁量などなく、会社に雇われているような状態のことを指す。

このような場合、仕事が原因でメンタルを病んだとしたら、なんの補償もなく泣き寝入りしなければいけないのだろうか。

「まず、**フリーランス契約なのに実態は雇われているのと同じという場合は、雇用責任を取れという交渉をすることができます**。

では、どういう状態が偽装フリーランスなのかというと、労働時間や就業場所が決まっているなど会社の指揮監督を受け、賃金の支払いを受けていれば偽装フリーランスだと言えます。

例えば朝9時に出勤して午後6時までは必ずいてね、遅れたら遅刻だと言われていて、仕事の対価より労働時間の対価として給料が支払われていれば偽装フリーランスですね。本来、フリーランスは何日までに何文字の原稿を書いてなどの注文を受けて、自分の裁量でいつどこで書いてもそれにどれだけ時間をかけてもかけなくてもいいというものです。それなのに、**出退勤まで管理されていたらフリーランスとは言い難い**。

でも、最近では明らかにフリーランスじゃない人をフリーランスと扱い、それを誤魔化すために一応請求書を書いてよ、みたいなことも増えています。

そのような立場の人が仕事でメンタルを病んだ場合、会社側は雇用責任を追及されないよう、いろんな工夫をしていると思うんですけど、組合に相談に来てくれれば、解決の方法はあります」

ちなみに22年6月、通販大手・アマゾンの配達員をするフリーランスらで「アマゾン配達員組合横須賀支部」が結成されている。

組合を立ち上げた男性は、「アマゾンジャパン」の2次下請けの運送会社と業務契約を結ぶフリーランス（個人事業主）。しかし、アマゾンのアプリで配達先や労働時間を管理されるなど、「偽装フリーランス」状態。しかも21年に配達ルートの選定のAIアプリが導入されると、日当は変わらないのに荷物は急増。このままでは倒れてしまうという思いから同僚たちに組合結成を呼びかけ、10人ほどで結成したという。

このような場合、「労働者性」が認められるかどうかが大きな争点だが、23年10月、画期的な出来事があった。

アマゾンのフリーランスの男性運転手が、配達中の怪我を「労災」として認定されたのだ。男性はフリーランスという立場ながらも実態は労働者と同じと主張して22年12月、労基署に労災申請をしたのだが、アマゾンのフリーランスが労災認定されたのは初めてのケース。大きな前進である。

フリーランス共済

ちなみにフリーランスと言えば、仕事がなくなっても雇用保険も受けられず、また傷病手当金の対象にもならないという「ザ・自己責任」な立場。内閣官房の20年の調査によると、そんなフリーランスで働く人は462万人。決して少ない数ではないわけだが、21年、フリーランスのための「共済」ができたという。

「**連合という、日本で一番大きい労働組合のナショナルセンター**（中央組織）**が、『Wor-Q**（ワーク）**』という名前のフリーランスの共済制度を始めました。仕事がなくなったり、働けなくなった時に保障してくれる制度**です」

「Wor-Q（ワーク）」のサイトによると、基本共済のほかに「団体生命共済」「総合医療共済」「賠償補償制度」「所得補償制度」の4つのオプションがある。

「所得補償制度」は、病気や怪我で働けなくなった時、働けなかった日数に応じて保険金を受け取ることができるそうだ。自分の収入に応じて補償のレベルを選べるそうで、例えば28

歳のWebデザイナーの場合、月2180円の保険金で月20万円が受け取れるなどの事例が示されている。

また「賠償補償制度」は、業務内容、年齢、性別に関係なく、保険料は一律年8440円。これで業務において賠償事故（育児代行業で預かった子どもに怪我させてしまったなど）が起こった際、最高で1億円が補償されるという。

LGBTQs労働相談

昨今注目されているLGBTQsだが、プレカリアートユニオンはLGBTQsの労働相談に積極的に取り組んでいることもアピールしている。

「話題だから」などの理由で最近始めたわけではなく、取り組み始めたのは7年ほど前というから、全国の労働組合の中でも一番手ではないだろうか。

「当時、私の身近な知人で、一緒に温泉旅行に行っていたトランスジェンダー女性がいたんです。混浴の温泉じゃないと入れないということで秘境の湯巡りのようなことをしていたのですが、男湯と女湯のふたつののれんしかないと温泉に入りにくい人がいる、ということはその人との出会いで認識しました。

一方で、一定数いるはずのＬＧＢＴＱｓの方々からの労働相談は全くないことに気づいたんです。**ＬＧＢＴＱｓに起因する労働相談のニーズはあるはずなのに、顕在化していないだけ**なのではないかと思って、『ＬＧＢＴＱｓの労働相談、始めます』と打ち出したんです。

そうしたらセクシャルマイノリティを公言している方が協力してくれることになって、その方などと一緒にトレーニングを受けました。

性的マイノリティの方たちは、不安定な雇用になりやすい。というのは**職場でＳＯＧＩハラ（ＳＯＧＩとは性自認、性的指向）とかセクハラとかアウティングもあれば、無知から来る暴言や無知から来る職場での差別的な会話に傷つくことも多い。**何も言えず辞めて次に行こうということをくり返すと、どんどん不安定な仕事の状態になってしまう」

その中でも職場の無理解に晒されがちなのがトランスジェンダー女性だという。

「トランスジェンダーの方は、入社してから性別移行することがあります。入社の時は男性で、本来の自分の性別に近づくためにホルモンを打ったりするという移行過程がある。その過程に応じた対応が必要になります」

それは企業側も知りたいことだろう。

「大企業では対応の研修をしていると思うのですが、**性別移行をする時は、性別に合った対応をしてもらえるように会社に求める必要があるります**。例えば着替える場所や更衣室などですよね。それを対応してくれないなら、組合や労働弁護士に相談するといいですね」

23年7月には、経産省に勤めるトランスジェンダー職員の女子トイレ使用を巡る判決が最高裁で下されている。職員は、女子トイレの使用を制限（自分が働くフロアから2階以上離れたトイレしか使用が認められなかった）されるのは不当だと国を訴えたのだが、最高裁は、トイレ使用制限は違法だとする判決を言い渡したのだ。

「トランス女性の使用するトイレをこの階だけに限定するというのも差別ですよね。なので、そういうことがないように求めることもできます。

あとよくあるのは**ミスジェンダリング**。その人が自認するジェンダーと異なる言葉を使うことですね。**性別移行して、社内でも女性として扱ってほしいと言っているトランス女性にわざと『〇〇君』と言ったり。それ以外の女性はすべて『〇〇さん』と呼んでいるのに。わざと『彼』と言うのも悪質なSOGIハラ**です。

アウティングの問題もありますね。本人の同意なくその人のSOGIを勝手に言ってしまうとか。SOGIを巡って罵倒《ばとう》されるとか。

そういう相談を受けて、交渉し、解決しています」

件数はそれほど多くはないというが、LGBTQs相談を打ち出している組合がなかなかない中、貴重な取り組みだ。相談に来た中には、他の組合でLGBTQs問題にまったく無理解な人にあたり、「全然話が通じなかった」という人もいたという。

「LGBTQsの人の中には、職場で嫌な目に遭っても仕方ない、我慢するしかないと思っている人もいます。ただ、だんだんSOGIハラはハラスメントだと認識されるようになってきて、まさに今、社会が変わってきています。

悪質なSOGIハラ、セクハラなどの場合は証拠を残してもらって早めに相談してくれるといいですね」

ちなみにプレカリアートユニオンに相談に来て組合員となった中には、SOGIハラで労災認定された人もいるという。

「先進的な事例です。その方の件では労災認定だけでなく、組合で団体交渉して、休職している間の生活を保障させ、SOGIハラの再発防止策を取らせました。今、その人は復職して元気に働いています」

心強い話だ。

「あと、同性婚のカップルの方で、異性婚をしていたら認められるはずの社内の福利厚生が認められない場合、認めさせる交渉もできます」

外資系での解雇は仕方ない？

インタビューの冒頭、日本で解雇は簡単にできないということに触れた。が、**いわゆる外資系は簡単に解雇されるというイメージ**がある。しかし、ここまで清水さんに話を聞いてきて、それって合法なのかという疑念がわいてきた。

「**外資系の雇用契約書には、会社と本人、どちらかが労働契約の解除を申し出たら、つまり会社が即解雇できるという文言が入っている**ことがあります。でも、それは**日本の労働基準法をまったく無視したものなので、日本では無効**です。外資系でも当然日本の法律を守らなければいけません」

これ、まったく知らずに「外資系だから仕方ない」と思っている人、少なくない気がする。

「**解雇したい時、心を折って自分から辞めるように仕向ける会社もあります。**あなたの居場所はないですよ、と誇りやプライドを傷つけ、辞めるように仕向ける。自分がターゲットにされていると感じたら、『辞める』とは言わずにまずは録音をして、組合や労働弁護士に相談に行きましょう」

まずは知識のある人に相談を

さて、ここまで知らないことが多かったのではないだろうか。

それもそのはずで、**この国の多くの人は、労働基準法や働く者の権利、相談先についてなど一切を学ばないまま労働市場に放り出される。いわば、丸腰で無法地帯に放たれるようなもの**なのだ。

だからこそ、清水さんは「社長や上司が正しいとは限らないことを知ってほしい」と強調する。

「**学生時代に、先生や先輩とか、立場が上の人の言うことを聞くものだという規範を内面化している人は多いですが、そのままの意識で働くと、命が危ない**ことが多いです。その規範は、社会に出たら疑った方がいいのです」

確かに、世の社長の中には、労働基準法などについてまったく無知な人もいる。

「あと、**労働問題で争いになった時は、8割方、労働者が正しいということも覚えておいてください**。基本的に、職場でおかしいと思ったことは、8割方、会社の方に非があると思っていい。

だからこそ、知識のない友人や家族ではなく、知識のある人に相談してほしいですね。仮に組合に相談して、その時は組合に入らず、会社に何も言えなかったとしても、得た知識は次に役立ちます」

そうして知識があれば、自分がされていることが「合法」か「違法」かわかる。それだけで、世界の見え方は急に変わったりするのだ。

本章では、職場に組合がない、あるいは非正規で入れないなどの人のため、個人加盟の組合を紹介したが、職場の組合に入れるという人はそちらに入ることで身を守る方法もある。
また、職場の組合に入っているけれど、なかなか動いてくれない、頼りにならないという場合、個人加盟の組合に入るという手もあることを覚えておいてほしい。

プレカリアートユニオン
TEL：03-6273-0699（月〜土 10時〜19時）
HP：https://www.precariat-union.or.jp

第3章

親の介護

——「みんなの介護」編集部／一般社団法人LMN・遠藤英樹さんに聞く

2007年、愛知県大府市で、認知症の91歳の男性が電車にはねられて死亡した。あまりにも痛ましい事故だが、その後、JR東海の取った対応は、高齢者と暮らす人々を戦慄させるものだった。

なんと、遺族に対して約720万円の損害賠償を求め提訴したのだ。

JR東海から提訴されたのは妻と長男。しかし、妻は当時85歳で要介護1の認定を受けており、長男は20年近く別居。愛知県から遠く離れた横浜で暮らし、週末に介護のため帰省するという生活だった。亡くなった男性が家を出たのはデイサービスから帰宅し、妻が数分まどろんだわずかな間。

一審の名古屋地裁判決は全額の支払いを命じるもので、これが報じられると「24時間、一瞬の隙もなく家族が見守るのは不可能」という世論が盛り上がった。その後、二審では半額の約360万円の支払いが命じられた。

そうして16年、最高裁で判決が出た。この内容に、認知症の家族と暮らす人々は胸を撫《な》で下ろした。最高裁は、家族への支払い義務を否定したのだ。

まず連絡すべきところは……

のっけから重い話を書いたが、今や認知症患者は600万人を超え、25年には65歳以上の5人に1人がなると予測される時代。「親が認知症になったら」「介護が必要になったら」というのは誰しもが不安に思っていることだろう。

しかも、JR東海の提訴のように、高齢の親が何かトラブルを起こした場合、家族にすべての責任を負わせるような空気は今も根強い。

が、介護は家族だけで担おうとすると、最悪「殺人事件」につながりかねない。私たちは日々、老老介護、そして嫁や子どもによる介護の現場で殺人や心中事件が起きていることを知っている。

22年11月には、80代の夫が70代の妻を車いすごと海に突き落とした。夫は約40年間にわたって妻の介護をしており、体力の衰えとともに「自分が面倒を見られなくなったら妻はどうなるのか」と無理心中を考えるようになっていたという。夫の中には、「介護は家族が担うもの」という強い思いがあったと報じられている。夫には23年7月、懲役3年の実刑判決が下っている。

また、19年には95歳の義母、93歳の義父、70歳の夫の首をタオルで締め、窒息死させたとして72歳の女性が逮捕されている。女性はその3年前から義父母と脳梗塞の夫という3人の介護を一人で担っており、献身的な姿から「村一番の嫁」と言われていたという。しかし、介護疲れは女性の心身を蝕《むしば》んでいた。女性には懲役18年の判決が下されている。

殺人や心中までいかなくとも、密室の家族介護での虐待は、日々、誰にも発見されることなく起きている。

そんな介護問題を助けてくれるのは、ただひとつ、情報だ。

まず覚えておいてほしいのは、**親の介護を考え始めたら、「地域包括支援センター」に連絡する**ということ。

これは一言で言うと、高齢者の暮らしをサポートする拠点だ。保健師や社会福祉士、ケアマネージャーが配置されていて、介護に関するもろもろを適切な機関と連携してサポートしてくれる。よく「要介護2」などの言葉を聞くが、その要介護認定の申請やケアプラン作成にも関わってくれる。ここにつながれば、随時必要な助けや情報が得られる。とにかくここに連絡しないと何も始まらないということは覚えておいてほしい。

もうひとつ覚えておいてほしいのは、**専門家は、介護のために仕事は決して辞めない方がいいと口を揃えている**ことだ。国も介護離職ゼロを掲げてきた。

例えば**勤め人であれば介護休業が93日まで取れる。**が、「93日経っても終わらなかったら辞めないといけないの？」となりがちだ。しかし、この93日は、介護のためのプラン、仕組みを作る期間と思うといいそうだ。それをともに考えてくれるのが地域包括支援センター。

そんな介護休業は、**正社員でなくてもいくつかの条件を満たしていれば取れる。**

ちなみに私の知人に、大手百貨店に勤めていたものの、親の介護で40代で介護離職し、父、母を見送り、母の葬儀代で貯金が尽きてホームレスになってしまった人がいる。幸い、支援団体の助けを受けて生活保護を利用して生活再建、今は自らが困窮者を支援する仕事についているものの、1000万円以上の年収があり、また退職時には2000万円以上の貯金があった人が、介護による想定外の出費で50代にして住まいまで失う、という現実には言葉を失うしかない。

これらを見てもわかるように、子どもが仕事を辞めてまで親の介護をするということには大きなリスクが伴う。

おひとりさまの老後に詳しい上野千鶴子氏は、「子どもの一番の仕事は、親の介護の司令塔になること」と書いている（『最期まで在宅おひとりさまで機嫌よく』中央公論新社、二〇二二年）。自らが親の介護を担うのではなく、介護保険制度を使い、どのような介護サービスを組み合わせるのかを選択する司令塔だ。

確かに、自分が介護されることを考えると、子ども（いないけど）の人生を犠牲にするのは嫌だし、「親のせいで仕事を辞めざるを得なかった」とイライラする子ども（しかも介護のど素人）に介護されるのは怖いしで、だったらちゃんと教育を受けたプロに任せた方がどれだけいいだろう。素人の身内（しかも不機嫌）より、仕事として対応してくれるプロ。誰もがそう望むのではないだろうか。

また、親がいずれ自分の家で生活できなくなった時のことも考えておくに越したことはない。具体的には施設についてだ。といっても、よく「何年待ち」なんてことも聞く。どんな施設があるのか、いくらくらいかかるのか、そこからもうまったくわからないという人が大半だろう。

自分の身内のことで言うと、数年前に亡くなった祖母は施設に入っていたものの、途中で入院するなどして介護度が上がったことにより、元いた施設に戻れなくなった。本来、「要介護5」ともっとも重い状態でも最後までいられるはずだったのに追われるようにして出されてしまったのだ。しかも、アルツハイマーではないのにアルツハイマーということにされ、精神科の閉鎖病棟に入院させられそうになり、結果、母親は「次の行き場探し」に非常に苦労した。実家を離れた私は母の話を聞くくらいしかできなかったものの、あの時、私に知識があればもっとスムーズに次の行き先が決まり、母も祖母もあれほど消耗することはなかったのではないだろうか。

ちなみに紆余《うよ》曲折あった果てに祖母が最期を迎えた施設はとてもいいところだったことは私たちの救いになっている。特にコロナ禍で面会も制限される中だったからこそ、信頼できるスタッフのいる施設かそうでないかは大きかった。

ということで、介護について「何からどうすればいいか、何がわからないかもわからない」「施設ってどんなものがあるのか、いくらくらいかかるのか知りたい」という方のために、「みんなの介護」にお話を聞いた。

問い合わせが集中するのは「お盆とお正月」

「みんなの介護」とは、業界トップの施設掲載数を誇る老人ホーム検索サイト。高齢者施設探しのプラットフォーム的な存在だ。地域や入居金、月額利用料などを入れて検索すれば、それに見合った施設が表示される。「65歳以上」「要介護1～5」など、さまざまな条件も表示される。施設内の動画や360度の画像も見ることができる。

取材に答えてくれたのは、編集部・マーケティング部編集長の松本祐介さん、藏内靖恵さん、そして山崎晋平さん。藏内さん、山崎さんともに特別養護老人ホームでの勤務経験あり。また、山崎さんはケアマネージャーとファイナンシャルプランナーの資格も持っているという。

まずは、なぜこのような検索サービスが必要とされるのかを聞いてみた。

「ほとんどの場合、施設に入られたらお看取《みと》りまでというケースが多いので、比較検討というのがなかなかできないんです。多くの方が近所の人から紹介された、担当のケアマネージャーさんからお勧めされたということで入居するのですが、その中で、自分の選択がこれで正しかったと信じなければいけないようなところがあります」

確かに、「終の住み処」という重要な場所なのに、入った人の口コミが外に伝わることはあまりない。家族にしても、他に何ヶ所も知っているわけじゃないからそこがいいのか悪いのか、判断がつきづらい。

そんな需要から始まった「みんなの介護」だが、問い合わせが来るのはかなり切羽詰まった状態の家族からだという。

「急に介護度が上がったというパターンです。認知症の程度が急にひどくなって家族がわからなくなった、あるいは物盗られ妄想や暴力が始まった、警察のやっかいになったということもあります。病気で入院されたけれども、入院中に体力が落ちて、もうおうちに戻れる状態ではないというケースも多いです。また、〝骨折が介護のスタート〟と言われますが、骨折で入院している間にやはり体力が落ちて、もう老人ホームに入るしかないなどのお問い合わせが多いです」

問い合わせが多いのは、8月と年末年始。お盆とお正月だ。

「帰省して、家族が集まるタイミングです。逆に言うと、子どもが遠くに住んでいるとそれまで気づけないことが多いんです。帰省して、これはヤバいぞとなってお問い合わせが来るんですね」

そのような場合、遠方にいる子どもが普段から備えておけることはあるのだろうか。

「まず、**お子さんが遠方で親の変化に気づけないという場合、近所の方に声がけをして頂く環境作りが大きい**と思います。帰省した時などに頼んでおいて、連絡先を交換しておく。また、**地域には必ず民生委員がいます。民生委員は独居や夫婦の高齢世帯を把握しているので、定期的な声がけや訪問をお願いしておくのもいい**と思います」

そうして様子がおかしいと思ったら、地域包括支援センターに連絡だ。

まずは要介護認定

そこからまずは介護認定をしてもらう。要介護認定の定義は「要支援1〜2」「要介護1〜5」に分かれている。**要支援1がもっとも軽く、要介護5がもっとも重い**。要支援とは、

「日常生活にほとんど支障はないが、一部支援が必要」な状態。
これに対して、要介護度と状態の目安は以下のようになる。

要介護1

・身のまわりの世話に、何らかの見守りや介助を必要とすることがある。
・排泄や食事などの基本的な動作に関してはひとりでできる。

要介護3

・日常生活の動作のほぼ全てで全面的な介護が必要。
・認知症の症状（物忘れ・一人歩き・せん妄など）で手厚い対応が必要。

要介護5

・ほぼ寝たきりの状態で、自力で身体を動かせない。
・認知症がさらに進行し、意思疎通がほぼ不可能。

（みんなの介護『失敗しない！老人ホームの選び方入門ガイド』より）

要支援1から、ホームヘルパーが訪問しての生活支援（訪問介護）や施設への短期入所、福祉用具貸付などのサービスが受けられる。受けられるサービスは要介護認定ごとに規定がある。これらが介護保険サービスと言われるものだ。

要支援だったり介護度が低ければ、そのようなサービスを利用して在宅で暮らすことも可能だ。

「要支援だった場合は、地域包括支援センターに所属するケアマネージャーが担当する場合が多いです。要介護認定が出た場合は、居宅介護支援事業所というところで担当者を決める形になります。そこでこの方に適したサービスは何かという担当者会議があり、実際に介護サービスを検討します」

認定を受けている場合、費用はそれほどかからないというイメージがあるがどうなのか。

「要支援1、2、要介護1〜5によって、与えられる単位というのがあるんですね。その単位内であれば、その方の世帯収入から見た介護負担割合というのがあって、1〜3割になっています」

例えば65歳以上の多くが1割負担だそうだが、65歳以上・一人暮らしで年金などを含めた合計所得が280万～340万円未満だと2割負担、340万円以上だと3割負担になるらしい。

ちなみに居宅サービスを要支援1の人が1割負担で限度額まで受けた場合、自己負担額は5000円ちょっと。3割負担だと1万5000円ちょっと。月5000円でいろいろなサービスが受けられるのであればお得だろう。

これが要介護5になると、1割の自己負担で3万6000円ほど、3割負担だと10万円以上になる。

結構な額だが、民間で同じだけのサービスを受けようと思うなら、何倍ものお金がかかることは想像に難くない。

介護にまつわる基礎知識

さて、ここまで「ケアマネージャー」という言葉を何度か見てきたが、それはどういう仕事をする人なのだろう。

「例えば**介護認定がおりた時に、介護を必要とされる方に合ったサービスを選定しながら決めていく人**です。介護保険サービスにはショートステイ、福祉用具貸与などいろいろあるんですが、ご本人や家族を含めて話し合って決めていく。マネジメント調整みたいな役割ですね」

ちなみに在宅で使える介護保険サービスは、**訪問型のものだと訪問介護、訪問入浴介護、訪問看護、訪問リハビリテーション、居宅療養管理指導、夜間対応型訪問介護、定期巡回・随時対応型訪問看護**。

通所型のサービスだと、デイケア、訪問看護、ショートステイなど。

代表的な「訪問介護」は、食事や排泄の介助などをする「身体介護」と、買い物や調理、掃除、洗濯などをする「生活援助」がある。ヘルパーさんが週に何度か自宅に来てくれて家事をしてくれるというのは、安否確認という意味でも安心だ。

「そうですね。その方がどういう生活をしているかがわかりますし、通所型だと送迎があるので、生活の様子がわかります」

ちなみに「デイサービス」というのもよく聞くが、具体的にどういうものなのだろうか。

「**デイサービスとは、要介護状態の人が自宅で自立した生活を続けられるように、日常のサポートや訓練を提供し、同時に家族の負担も軽減する通所型サービス**を指します。**送迎車でデイサービスセンターに行って、食事やリハビリ、レクリエーションなどのサービスを利用します。**場所は、入所型の施設に併設されているところもあります。基本的には通う施設ですが、短期入所生活介護と言われるショートステイはお泊まりができます。利用者は宿泊しながら、食事介助や入浴介助の支援を受けます。最大30日までの連続利用が可能などの規定があります。ショートステイは、ご家族のレスパイト的に使われることも多いです」

レスパイトとは、「休息」「息抜き」の意味。家族が一時的に介護から解放されることだ。

「それ以外にも、**家族と同居しているけれど、日中は誰もいないので見られないということもありますし、仕事で出張ということもある。あとはある施設に入りたいという時に、慣れてもらう目的でショートステイを利用する**こともあります」

さて、ここまで在宅で使える制度についても情報を得てきたが、ここからは施設について聞いていこう。そもそも施設って、どういうものがあるのだろう？

「みんなの介護」のサイトによると、8種類にものぼる。うち4種類が民間施設で、4種類が公的施設。

民間施設は、「介護付き有料老人ホーム」「住宅型有料老人ホーム」「サービス付き高齢者向け住宅」「グループホーム」。

公的施設は「ケアハウス」「特別養護老人ホーム」「介護老人保健施設」「介護医療院（介護療養型医療施設）」。

入居条件や相場は138ページの図の通りだが、具体的に説明してもらおう。

介護付き有料老人ホーム

まずは介護付き有料老人ホーム。入居一時金の相場は0〜1380万円、月額相場は14・5万〜29・8万円。入居対象は原則65歳以上。

「お部屋の雰囲気は、**段差のないワンルームマンションという感じ**です。原則個室ですが、ご夫婦やごきょうだいだと相部屋で入ることもできます。部屋にトイレや洗面台もついていますが、入浴介助が必要な人が多いので、お風呂は基本、部屋にはありません。食事は食堂でとられるところが多いですね」

超高級な施設があるのも有料老人ホームの特徴のひとつ。

「弊社に掲載している中でもっとも高級なのは、入居一時金1億円以上の施設です。月々の利用料は、入居金1億5000万円を払った際は25万円。早期で亡くなられた場合は敷金のようなものなので一部返ってきます。入居一時金を払わない場合には、月額300万円です。中にシアタールームや鉄板焼きのコーナーなんかもあります」

ちなみにこのような有料老人ホーム、**料金が高い施設が手厚い介護を提供しているかと言えば、介護の質・内容は関係なく、あくまで値段の違いは立地や設備**といったことのようだ。

「要は高級マンションに近いんです。インテリアやエクステリア、またコンシェルジュがいたりといった付加価値ですね。介護という視点で見ると、1億円の入居一時金の施設と、月20万円の施設で大きな違いがあるかと言えば、そういうわけではありません」

意外と言えば意外だ。

さて、そんな介護付き有料老人ホームの月額相場は14・5万〜29・8万円だが、この額を、入居者たちは自分で払っているのだろうか。今の高齢世代には潤沢な年金がある人も多いが、みんながみんなそうではない。

○ 受け入れ可　△ 施設によっては可　× 受け入れ不可

要介護1〜2	要介護3〜5	認知症	認知症重度	看取り	入居のしやすさ
○	◎	◎	◎	◎	○
◎	○	○	△	○	○
◎	○	○	△	△	○
○	○	◎	◎	△	△
△	△	△	×	×	△
×	◎	○	○	○	×
○	○	○	○	○	△
○	○	○	○	◎	△

※1：要支援2から

度別・認知症対応）」https://www.minnanokaigo.com/

老人ホームの種類一覧表

◎ 充実した対応

種類	運営	入居金相場	月額相場	自立	要支援1〜2
介護付き有料老人ホーム	民間施設	0〜1,380万円	14.5〜29.8万円	△	△
住宅型有料老人ホーム	民間施設	0〜380万円	8.8〜19.1万円	△	○
サービス付き高齢者向け住宅	民間施設	0〜27万円	11.1〜20万円	○	◎
グループホーム	民間施設	0〜16万円	8.3〜13.8万円	×	△ ※1
ケアハウス	公的施設	0〜30万円	7.5〜12.4万円	○	○
特別養護老人ホーム	公的施設	なし	10〜14.4万円	×	×
介護老人保健施設	公的施設	なし	8.8〜15.1万円	×	×
介護医療院（介護療養型医療施設）	公的施設	なし	8.6〜15.5万円	×	×

出典：みんなの介護「【一覧表でわかる】老人ホーム8種類の違いと特徴（介護guide/type
※みんなの介護に掲載されている施設のデータを参考に算出
※2023年6月15日更新

「年金で払える範囲の施設に入りたいと希望される方は多いんですけど、年金プラス貯蓄ですね」

それでまかなえるならいいが、子どもが負担しているケースも多いのだろうか。

「たくさんおられます。年金が少ない自営業の親の施設費を子どもが全額払うケースも実際ありました。首都圏と地方では施設の値段は違いますが、それでも子どもが出しているケースでは月平均5万円くらいというイメージです」

月5万円。あなたはこの額を、親の施設費に出せるだろうか？　きょうだいがいれば分割できるだろうが、一人っ子も多いご時世だ。しかも、いつまで続くかわからないのである。

施設費以外にももろもろ出費はある。基本、食費は込みだが、オムツを使う場合、オムツ代は実費のことも。その人に応じた要介護認定（負担限度額）の範囲外で食事介助などをしてもらうと、その分余計に料金がかかる。クリーニング代や理美容室代もその都度かかる。

「**月の施設費が20万円だとしても、結局はそれ以外に5万〜10万円くらいかかる**わけです。そうなると、年金の範囲内で典型的な老人ホームに入るのは難しいのが現状です」

ちなみに首都圏で「典型的な老人ホーム」の相場というと月25万円ほどとのこと。が、地方に行くと12万〜14万円で入れるところもあるという。高齢になり、特に出歩くことも、また面会に来る人もいないのであればコスパで考えると地方は魅力だ。友人と一緒に入れたりしたら、住み慣れた地じゃなくてもやっていけそうではないか。

さて、そんな介護付き有料老人ホームだが、もし途中でお金が尽きたらどうすればいいのだろう？　本人の想定よりだいぶ長生きしてしまった、いろいろあって資産がなくなったなど、不測の事態はいつだって起こり得る。住み慣れた家はすでに売り、戻れる場所も頼れる人もない、なんてことはいくらでもあるはずだ。

「**お金が尽きるということは実際にあるので、そういう場合は生活保護という措置**になりますね。**その場合も、地域包括支援センターに相談するといい**と思います。施設の中にも、生活保護対応施設というものがあるんです。介護付き有料老人ホームにもあります。なので、収入や預貯金に不安のある方は、入居の際、もし生活保護になったとしても生活保護の範囲内に切り替えて入り続けられるという施設を選んでおくと安心だと思います。そういう予備知識なく入っていたら、突然退去してくださいとなりますし、生活保護に対応していない施設だったら次の施設を探さないといけないので大変です」

生活保護でも入れる施設があるということを知れただけで、まずは一安心である。いろいろ失っても、無情に路上に放り出されるわけではないのだ。

住宅型有料老人ホーム

さて、では「住宅型有料老人ホーム」とは？　こちらの入居一時金相場は0～380万円、月額相場は8・8万～19・1万円。やはり入居対象は原則65歳以上。

「基本的な要素は介護付き有料老人ホームと一緒ですね。**介護付き有料老人ホームは、介護保険のサービスがその施設で受けられます**ということです。住宅型の場合は、管理者がいて見守りをしてくれて、外部の訪問介護、訪問看護サービスが受けられるという建て付けです。そこが違いですね。介護士など専門職が常駐しているわけではなく、管理人がいる形になります」

サービス付き高齢者向け住宅

では、よく「サ高住《さこうじゅう》」と略される、「サービス付き高齢者向け住宅」というのは？　こちらの入居一時金相場は0〜27万円。月額相場は11・1万〜20万円。バリアフリーが完備された賃貸住宅で、基本的に自立生活が可能な60歳以上が対象。

「**サービスは、安否確認と生活相談がメイン**」とのことで、施設職員が定期的に部屋を訪問したり、またケアの専門家が生活の相談に乗ってくれるという。

一般型と介護型があり、一般型は要介護度が上がった場合、退去になる可能性があるようだ。一方、介護型は、

「**日中も夜間も介護士が常駐**してます。介護型は『特定施設』の認定を受けているため、入居者3人に対して介護職員は1人、入居者30人までは看護職員1人の配置が決められています」

上記のふたつの有料老人ホームと違い、サ高住は「高齢者住まい法」に基づく賃貸住宅。

多くの民間業者が参入しているので、さまざまなランクのものがある。食事については施設ごとに違い、調理師が毎食作るところもあれば、業者の作ったものを温めるだけのところ、宅食サービスのところもあるので確認しておきたい。

「高級なところだと、ホテルのような感じです」とのこと。生活の自由度が高いのも特徴。

グループホーム

では「グループホーム」とは？　入居一時金相場は0〜16万円。月額相場は8・3万〜13・8万円。

「**ここは認知症に特化した施設**です。共同生活をするという前提なので、軽度の認知症で身体が動く方々が、これ以上の進行をできるだけ抑えながら生活していく。**介護士が常駐**しています」

対象は要支援2以上の認定を受けている認知症の人。複数の居室と台所、食堂などで構成された「ユニット」と呼ばれる生活空間で5～9人が共同生活をする。

「**シェアハウスに近いイメージ**」だそうで、リビング的な空間が広く取られていて、みんなでキッチンや食堂を使う。家事や洗濯も自分たちでする。確かにグループホームという名前から連想されるイメージ通りだ。そんなグループホームには、生活保護を受けながら入居が可能。

入れるのは、グループホームがある場所に住民票がある人。

以上が民間の4つの施設。次は公的施設だ。

ケアハウス

まずは「ケアハウス」。入居一時金相場は0～30万円。月額相場は7・5万～12・4万円。

「**ケアハウスは軽費老人ホームのひとつです。値段が安いのが特徴**です」

そのような施設があることを初めて知った。老人福祉法で定められている施設で、60歳以上で身寄りがない、あるいは家族からの援助が困難で、自立生活が不安な人が入居できる。「一人で生活するのは難しい独居の方とか、もろもろの条件に合致して認定されると入れる施設です」

一般型と介護型があり、介護型は施設内で介護サービスが受けられる。一般型は、施設外の介護サービスを利用する形となるが、食事や洗濯、掃除など生活支援を受けられる（施設により違いがある）。

覚えておきたいのは、一般型だと介護度が上がると退去しなければならない可能性があることだ。

特別養護老人ホーム

では、次によく聞く「特別養護老人ホーム」、略して「特養」。入居一時金相場は0円、月額相場は10万〜14・4万円だ。

「よく『入居何百人待ち』というのは聞くと思うんですけど、それがここです。病院の相部屋のような多床室もあるんですが、最近はユニット型といって個室もすごく増えています。ユニット型だと、リビングがあって、その周りに居室がある。部屋にはベッドとテレビとタンスという感じです」

そんな特別養護老人ホームだが、入居するにはある条件を満たしていないといけない。それは**「要介護3」以上であるということだ**（ただし、規定を満たしていない場合でも入居申請可能な特例もあり）。

要介護3とは前述した通り、

「・日常生活の動作のほぼ全てで全面的な介護が必要。
・認知症の症状（物忘れ・一人歩き・せん妄など）で手厚い対応が必要」

と、かなり重い。が、**高齢者の家族の中には特別養護老人ホームが安いからと、要介護3の親を自宅で見ながら順番待ちをしている人も多くいる**という。だが、**その間にどんどん事態が深刻化し、片時も目を離せない状況となり家族が介護離職に至るケースも少なくない。**

そこで無理して順番待ちを続けるのではなく、特別養護老人ホームよりはずっと入りやすい（順番待ちがなく条件も厳しくない）有料老人ホームや、認知症があればグループホームを考えるのもひとつの手だという。

ちなみに、特別養護老人ホームの料金は、世帯収入によって変わる。収入に応じた額になるのが民間施設との大きな違いだ。

「**初期費用や月の費用が安いということで、親が要介護3になるまで自宅介護を頑張る方もいるんですけど、それで介護離職して収入がなくなって、と一家共倒れになってしまうケースも実際にある**んです。だったら**フルタイムで働きながら、すぐに入れる施設に入った方がいい場合**もあります」

また、「安さ」が魅力の特別養護老人ホームだが、昔と違い、今は月額10万円程度で利用できる有料老人ホームも増えてきたという。特別養護老人ホームの入居申請をして、順番待ちをしながら有料老人ホームを利用するケースも増えているそうだ。

介護老人保健施設

さて、次は「介護老人保健施設」。いわゆる「老健」だ。入居一時金相場は0円、月額相場は8・8万〜15・1万円だ。

「**ここは、おうちに戻る前提の施設**です。リハビリをして社会復帰するという前提の施設なので、**基本的に3ヶ月を過ぎると出なきゃいけない**」

ここに来て初めて、「出るのが前提の施設」のお出ましだ。原則65歳以上で、要介護1以上の認定を受けていれば入ることができる。多床室と個室がある。

介護士のほかに医師、看護師も配置され、入浴や排泄などの介護サービスを受けられる。リハビリ・医療ケアも充実している。

「ここが特養との大きな違いになります」

3ヶ月の期限が過ぎた場合、更新もできる。

介護医療院

最後の「介護医療院（介護療養型医療施設）」。入居一時金相場は0円、月額相場は8・6万〜15・5万円。長期的な医療サービスを必要とする方向けの施設ということだが、どういうものだろう。

「**ほぼ終末期医療を対象とした方が入られています**。医者、看護師が常駐していて、病院に近いイメージです」

施設で好かれる方法

さて、ここまで施設について書いてきた。

親のみならず、自分だって長生きすればお世話になるのだ。というか、経済成長時代を生きた今の高齢者にはそこそこお金を持っている人もそれなりにいるわけだが、今の現役世代が65歳以上になったら、ここに紹介した施設の費用を払える人はどれだけいるのだろう。非正規で、年金保険料も払っていないという人も少なくないわけである。

「まえがき」にも書いたが、現時点で私がもらえる年金額は月に4万円ほど。これが国民年金加入者のフリーランスの現実である。よく、年金で入れる施設が理想なんて言うが、4万円でいったいどこに入れるだろう……。

ということで、金額のことはひとまず横に置いて、施設で働いていた山崎さん、藏内さんに、「どういう入居者が好かれるか」を聞いてみた。身体が不自由になった時に使えるライフハックとして、「嫌われない」ってつくづく重要だと思う。

二人が口を揃えたのは、「機嫌がいい人」「いつも笑ってる人」。言い方が柔らかいなども得点が高いようだ。

そして何より好かれるのは「ありがとう」と言ってくれる人。横暴な人などはやはり怖がられてしまうという。

施設での飲酒・喫煙は？

そんな施設暮らしで気になるのは、食事はもちろん、お酒好きな人だったら飲酒できるのか、喫煙者だったら喫煙できるかだろう。

ちなみに私はタバコは吸わないが、お酒は飲みたい。きっと高齢になっても、たまには飲みたい時があるだろう。そんな時、「禁酒」だったりしたらすごく嫌だ……。刑務所や学校じゃないいんだから、と思ってしまうだろう。

そう思って聞いてみると、**施設の中には飲酒OK、喫煙OKのところもある**という。これを第一条件にする人も多いはずだ。

「入居する人の中には、当然、『どうしても晩酌できる施設がいい』という希望を持つ方もいますし、身体に悪いとわかっているけれどタバコがやめられないという方もいます。そういう方から、無事にお酒が飲めたりタバコが吸える施設に入れてよかった、と言って頂くことはありますね」

飲酒や喫煙。なかなか言い出しにくいことかもしれないが、尊厳に関わるほどに大切なことだと思う。っていうか、老い先短いんだから酒やタバコくらい自由にさせてくれよ……というのが多くの人の本音ではないだろうか。健康に悪いとか、今さらそこを気にする年齢でもないし。

もちろん、施設側は健康だけでなく、飲酒や喫煙でのトラブルを回避したい思いもあるのだろう。が、そこはルールを決めて守ればいい話である。

ペットと入れる施設は？

もうひとつ、私にとって大切なのはペット。20代からずっと猫と暮らし、2匹を看取り、今は3匹目の子と暮らしているが、ペットと入れる施設はどれくらいあるのだろう。

「まず**公的施設ではペットに対応しているところは基本的にありません。有料老人ホーム、サ高住では対応しているところもありますが、ごく少数です**」

やっぱりそうなのか……。

「ただ、**共同生活の中で、セラピーアニマルがいるとか、施設でワンちゃんを飼っていて触れ合えるとかそういう場所はあります**」

やはりある程度高齢になったら、そういう形での触れ合いになるのは仕方ないかもしれない。高齢でペットを飼うということは、在宅でさえ何かあった時に小さな命を危険に晒すことになるのだ。49歳の私は今1歳の猫を飼っているが、この子が最後の子になるだろうと思っている。これまで飼った中で一番長生きの猫で18歳。18年後、私は67歳だ。と、今計算して、腰を抜かすほどびっくりした。あなたもちょっとこの本を置いて、今の年齢に18歳足してみてほしい。たぶん今世紀一番くらいびっくりできるはずだ。

遠方の親にはマメな連絡を

さて、ここまでいろいろ書いてきたが、順番的にも自分の心配よりまずは親の心配だ。

遠方に住んでいる子どもができることは情報提供や手続きの確認、そして経済的に余裕がある場合は金銭的支援くらいだろう。

「あとは**頻繁に電話されるのが一番いい**と思います。声を聞くだけで安心しますし、話す機会があるだけでも、認知症予防になるので」

また、施設に入っていない親の場合、頻繁な電話で生活の変化にも気づける。

「認知症はもちろんですが、**独居の高齢者だと、訪問販売なんかに騙《だま》される**こともあります。実際にあったケースでは、ケアマネージャーが訪問した際、180万円のレシートが発見されたことがありました。メガネなんですが、実物はない。結局、探し回ってゴミ箱の中から発見されたんですが、それほど高額なメガネを買ってしまっていたんです。それは認知症ではなく、単純に押されて断れなくて買ってしまった」

その高齢者には、のちに後見人がついたという。後見人については、5章で詳しく触れたい。

さて、最後に聞きたいのは、「**親が施設入りを渋ったら**」ということだ。

何か「魔法の言葉」のようなものがあるかと期待していたが、そんなものはないという。

「ただ言えるのは、**子どもやきょうだいから言ってもダメな場合、本人と同世代の親戚から**

言ってもらうとすんなり、というのはありますね。私たち一緒の年代なんだから考えよう、という感じで」

また、自ら「家族に迷惑はかけたくない」と施設入りを希望する人もいる。

自分のことで考えると、そりゃあ住み慣れた家がいいに決まっている。ただ、一人で暮らせなくなった場合のために、普段から情報を集めておくに越したことはない。

もうひとつ書いておきたいのは、本当にお金がなくなった場合、前述したように生活保護を利用して施設に入れるということだ。

特別養護老人ホームやグループホームはもちろん、有料老人ホーム、サ高住の中にも生活保護利用者を受け入れているところがあるという。いざという時、一文無しでも暮らせる場があるということ。

このことは、忘れないようにしてほしい。

みんなの介護
TEL：0120-370-915（年中無休 9時〜19時）
HP：https://www.minnanokaigo.com

家族代行業？
LMNとは

親の介護や施設についての基礎知識が身についたところで、紹介したいサービスがある。

それは「一般社団法人LMN」。

私がLMNを知ったのは、『家族遺棄社会 孤立、無縁、放置の果てに。』（菅野久美子、角川新書、二〇二〇年）という本でのことだった。

「一種の家族代行業」として、親の最期の「後始末」を手がけている数少ない民間の終活団体として同書に登場する。

「高齢になった親の介護施設をどうするのか、終末期になった時に延命はどこまでするのか、葬儀はどんな形で執り行うのか、お骨はどうするのか」

それだけではない。いわゆる「毒親」と一切関わりたくない、複雑な家庭環境ゆえ、今さら親に頼られても困るなどの要望にも応えるサービスを提供している。

同書には、「良太」という37歳の男性のエピソードが紹介されている。

ギャンブルや女性に溺れ、家族を捨てた父。働けど働けど楽にならない生活に疲れ、酒に溺れるようになっていった母。そんな両親を持つ良太が社会人になってすぐの23歳の時、青森県の某市役所職員から、父親が自殺したと連絡が来る。その時に驚かされたのは、遺体の引き取りや父親のアパートや車の後始末をするよう職員から告げられたことだ。小学生の頃から会ってもいないのに、「家族」というだけでそれだけの負担を強いられる。この時は拒絶したものの、良太には10年ほど絶縁状態の母もいる。その母にも散々振り回され、血縁というだけで多くの尻拭《ぬぐ》いをさせられてきた。そんな母親に何かあった場合、また家族というだけで面倒が降りかかる。究極、死んだら葬儀があることだけ連絡してくれればいい。それ以上、関わりたくない——。

LMNは、そんな良太の思いに応えるサービスを提供する。介護施設の選定から納骨までの仲介をすべてLMNが代行する形で、料金は登録費33万円と身元引受11万円。もちろん、介護施設の月々の費用や葬儀代などの実費は別だ。

そんなLMNのサービスの中でも特に歓迎されているのが、施設からの第一連絡人になってくれること。施設に入ると家族に頻繁に連絡が来ることがあるそうだが、それを一手に引き受けてくれるのだ。

また、施設に入ったからといって安泰、というわけではない。そこでトラブルを起こしたり、介護度が重くなれば出なければならないこともある。そのような場合、次の行き先も探してくれる。病院付き添いなどのサポートもあり、亡くなった場合、葬儀の手配、代行、納骨までの一切を担ってくれる。故人の家の片付けや遺品整理、不動産売却や相続、墓じまいに至るまでのサポートを提供しているという。

親との関係が悪くなくても、「親が遠方にいてしょっちゅう帰れない」「仕事が忙しすぎて親の施設からの連絡にいちいち対応できない」なんて人にもありがたいサービスではないか。

ということで、LMN代表の遠藤英樹さんに話を聞いた。

自らの介護経験から

LMNとは、Life（生活）、Medical（医療）、Nursing（介護）の組み合わせ。

公式サイトには「独自の『シニアライフ特化型コンシェルジュサービス』です」との言葉のあとにこう続く。

「医療・介護の場面はもちろん、QOL（生活の質）の維持や誰もが必ず迎える終末期の準備まで、クライアント様のあらゆるニーズに関わる方々との『つなぎ役』となることを目的としております」

現在50代の遠藤さんがこのサービスを思いついたのは、自らの介護経験からだという。

「私は両親を在宅で看取ったんですが、その時にこの仕事を思いつきました。当時、フリーランスの仕事をしていたので比較的時間はあったんですけど、それでもかなりのプレッシャーで、結構キツかったんです。その時に、これを仕事にすればいいんじゃないかと閃《ひらめ》きました。母親は17年前、父親は9年前に亡くなったんですが、誰かに任せることによって楽になることはいっぱいある。父親が亡くなってすぐ、この仕事を立ち上げました」

そうして2016年、LMNが立ち上げられる。会員数は7年で160人にまで増えた。

当初は子ども世代からの依頼はそれほど想定していなかったという。

「最初の頃は、高齢者の方ご本人から、介護施設に入る時に身寄りがないなどの相談が多かったんです。あとは老老介護とか、子どものいないきょうだいの面倒を見てほしいとかですね」

9割が子どもからの依頼

それが今や、9割ほどが「親の介護ができない」という子どもからの依頼。理由はさまざまだが、DVやネグレクト、過干渉などが理由で成人した現在、親と疎遠になっている人が多いという。子どもの世代は40～50代がメイン。親は70～80代だ。

「お子さんは、俗に言う『毒親』だから関わりたくないと言うんですが、実際に私たちが接すると、本当に普通の方が多いです。あくまで子どもから見て毒親なんでしょうね。また、お子さんからの依頼で親御さんと接するわけですが、サポートを拒否されることはほとんどありません。断られるケースは1割程度ですね」

有料サービスを使える層ゆえ、子ども世代も親世代も、「準富裕層」が多いという。なぜなら、LMNの入会金は44万円。これを払える人ということになるからだ。料金は、子どもが払うこともあれば親が払うこともある。

紹介したようにサービスは多岐にわたるが、流れはどのようなものだろう。

ちなみに私は親との関係は悪くはないが、親が住むのは北海道、私は東京。何かあってもすぐに駆けつけられる距離ではないし、介護が必要になったからといってしょっちゅう帰れるわけでもない。

「例えば『最近、親が認知症っぽくなっていて、家族ともトラブルを起こしている、自分は遠方なので何かあった時に動いてほしい』という相談はよくあります。もう家で暮らせないから、介護施設の入所を手伝ってほしいという場合、うちでは日本全国の介護施設を探せるので、探します。その時、介護認定を受けていないと料金が高くなってしまうので、まずは介護認定を取りましょうとアプローチしていく。私たちが介護認定の申請をすることもあれば、親族ができるのであれば親族にお願いします。そうして私たちが身元引受人となり、サポートします」

現在、LMNが活動するのは関東、関西、中部。どうしてもサポートできない遠方の場合は断っているというものの、十分にサポートできる地域でも、病院や施設側から「身元引受人として、何かあった時すぐ来られるの？」と言われることもあるそうだ。

「でも、それはお子さんが東京に住んでいて、親の病院や施設が大阪だったら、お子さんだってすぐには行けない。なので、そういうことを言われたら、電話は24時間必ず取りますと伝えます。実際、24時間取っています」

施設ガチャ

先ほど第一連絡人になってくれることに触れたが、施設入所した場合、それほど頻繁に連絡が来るものなのだろうか。

「施設ガチャというか、施設によって違います。だから、施設選びから私たちは関わりたいんです。そういう情報もわかっているので」

確かにそのあたりの情報、重要だ。

「施設によっては、関西の施設から東京のお子さんに、『トイレットペーパーがなくなったから持ってきて』という連絡が入ったりします」

それは勘弁してほしい……。

「利用料からトイレットペーパーの代金を引いたら『高い』とクレームを入れる人もいるので、全部家族などが購入して持っていかなければならない施設もあるんです。そういうことでしょっちゅう連絡してくるところもあれば、そうでない施設もある」

そういうことは入所前にぜひ知りたい情報だ。また、施設から病院に搬送される場合の対応もある。

「まず、家族が駆けつけるまで待つのか、それとも搬送してもらうのかを入居の時に決めなければならない。うちで契約している方で多いのは、施設の看護師さんに付き添ってもらって搬送してもらう。そこから私たちが駆けつけて病院でバトンタッチするという流れです」

延命にまつわる決断は家族で

こうしてLMNに「丸投げ」できるわけだが、家族が出ていかなければならない場面もある。それは**「延命」に関する決断**の時だ。

「一番最初は栄養摂取の問題ですね。**飲み込む力が弱ってきて、口から栄養が取れないとなると、胃ろうか経鼻経管栄養、CVカテーテルの3つのチョイスを示されます**」

胃ろうとは、お腹に開けた穴から栄養を取る方法。経鼻経管栄養とは、鼻から栄養を入れる方法。CVカテーテルとは、中心静脈から栄養を入れる方法だ。

「飲み込む力もなくなったという時、本人が延命治療をするかどうか選べます。本人が選べない場合は家族が選ぶんですが、判断できないんです。そのまま食べさせないで水の点滴だけして、要は看取るのか。でも、認知症やパーキンソン病の場合、身体は元気だけど、嚥下《えんげ》力だけ落ちるということもあるんです。そういう時にそのまま息を引き取らせていいのか、家族はすごく悩むんですよね。そういう時に、うちはいろいろな事例を話します。なぜなら、医者はデメリットしか言わないからです」

デメリットとは、どのようなことだろうか。

「この3つの場合、**今いる介護施設から追い出される可能性があるんです**」

どうしてだろう？

「24時間の看護ができないからです。今、日本にある施設の7割くらいは看護師さんが夕方6時までしかいないんです。特別養護老人ホームもそうなってきていて、夜は医療行為ができない。そうなると、胃ろうや経鼻経管栄養、CVカテーテルには対応できないということで、出ていかなくちゃいけないということになる。自宅か、もしくは療養型と言われている次の段階の病院に移らなきゃいけない。ただ、施設によっては『うちは胃ろうだったら24時間できますよ』ということになる。そうなると、チョイスは胃ろうになりますよね。なので、**入居の時に、どういう医療行為に対応してもらえるかの確認も必要**です」

こういう情報、むちゃくちゃ重要だ。

「次は終末期と言われる、顎が上がって、呼吸が少なくなってきて、酸素を入れなきゃいけない時にどうするか。水分だけの点滴にするのか。水分と栄養剤の点滴にするのかというチョイスがあります。この判断も難しいところです。うちは契約の時点でご本人と家族から延命についての意思表示は伺うんですけど、どうするかはその時その時で変わるので、それが絶対ということはないですね」

契約時に「一切の延命はしないで」と伝えても、いつでも撤回できるという。

「延命については、本当にその時その時の状況で変わります。いろいろな場面で、私たちも一緒に考えます」

LMNでは、年間30人ほどを看取っているという。最近も、同じ施設に入っている夫婦の妻が亡くなり、収骨までを担った。

「奥さんが入院していたんですけど亡くなってしまって、まず私たちに病院から連絡が来ました。ご主人は高齢なので、私たちが施設に迎えに行き、一緒に病院に行きました。病院でご主人には最期の対面をして頂いて、提携している葬儀社さんに来てもらい、遺体を安置して、葬儀をしました。お子さんもいない方なので、うちのスタッフが葬儀に出て、収骨しました。お墓が決まっていないという場合、うちでは納骨するまでご遺骨も預かっています」

現在も事務所で4人の遺骨を預かっているという。納骨となると、今度はお墓の問題もある。

「お墓の問題は大変ですね。墓じまいの相談もあります。例えば今の40〜50代だと、親のお墓を引き継ぐってあまり考えてないじゃないですか。でも、親御さんたちが亡くなったら、誰かがやらなきゃいけない。親御さんのサポートをする時にお墓の話になって、お子さんにはまったく継ぐ気がないことが判明することもあります。そうなると、今のうちに墓じまいしないといけない。ただ、**墓じまいと言ってもお墓の改葬（引っ越し）なんです**よ。今あるお墓から出して、合葬墓と言われるみんな一緒のところに合祀《ごうし》する。そのご相談やお寺との交渉もやっています」

厚労省によると、墓じまいの件数は12年度の約8万件から21年度には約11万9000件と急増している。

100万円で「丸投げ」

一気に墓じまいまで行ってしまったが、親には一度生き返ってもらおう。

例えば親が突然倒れたものの、毒親だったので一切関わりたくない、施設選びから納骨まですべてを任せたいという依頼があり、1年で親が亡くなったとしたら、だいたいLMNにはいくらくらい払えば「丸投げ」できるのだろう。

「葬儀を火葬だけの直葬にすれば、一戸建ての片付け代含め100万円くらいあれば足りると思います」

100万円。これを安いと思うか高いと思うかは人それぞれだが、施設選びの手間や施設からの連絡が来ないこと、精神的な負担がないことを考えると「ぜひ使いたい」という人は少なくないだろう。そもそも、施設選びひとつとっても膨大な知識が必要で、普通に働く人がその情報を得ながら親の施設見学に同行して、などできるとは思えない。

ランチや旅行、入院中のメダカの世話まで

さて、ここまでいろいろなサービスに触れてきたが、LMNでは日常的な生活支援に力を入れているという。

「最近だと、在宅でお一人で住んでいて、お子さんはいるけど疎遠という高齢の方がコロナにかかってしまったケースがありました。この件では、依頼を受けてスタッフが食事の用意などのお世話に行きました」

このような支援は、一回につき4時間程度で1万1000円。

1万1000円払って1日4時間ほど訪問してもらえば、施設ではなく在宅生活が続けられるという人も確実にいるだろう。そしてそっちの方が、高額な施設に入るより安上がりという場合もある。

また、病院への付き添いなどのニーズもあれば、一緒にランチに行ってほしいなどの依頼もある。これまでの事例では、一緒に旅行に行ってほしいというものもあった。

「介護士や看護師の免許を持っているスタッフがいるので、旅行代も出してもらって同行するという形です。それでサポート代を払ってもらいます」

中には自分が留守中や入院中、メダカや植物の世話をしてほしいという依頼もある。本当になんでも屋さんであり、コンシェルジュだ。

相続に絡む不動産取引などもしてくれるという。

「8社くらいの不動産屋さんとも契約しているので取引もできます。家の片付けをして、更地にして、売るところまでできます」

「自分が入院しても親に知られたくない」

一方、親との関係が悪い人の中には、自分が入院したりする時に、親に知られたくないという人もいる。関係が悪くなくても、さまざまな事情から知らせたくない場合もあるだろう。そのようなケースにも対応可能なのだろうか。

「もちろんできます。最近、脳腫瘍で亡くなった30代の方がいるんですが、その方は余命わずかとわかりながらも入院していることなどを親に一切知らせないでほしいということで、私たちが連絡先になっていました。結局、入院中は一切親に連絡が行くことはなく、亡くなって初めて連絡が行きました。『なんで教えてくれなかったんだ』と言われましたが、それはご本人とこういう契約をしていましたという話をしました。ご本人からはお金を預かって、自分が亡くなった時はこうしてくださいというのをすべて聞いていたので、その方のご希望通り散骨にしました」

散骨をはじめとして、LMNには「亡くなったあとのスマホやパソコンのデータの処分」、また残されたペットへの対応サービスもある。

ということで、遠藤さんには改めて「死」についての6章にもご登場頂くが、高齢者を対象とした身元保証代行や死後手続きサービスを担う事業者の中には悪質なところもあり、全国でトラブルが相次いでいる。静岡市ではこういったトラブルを未然に防ぐため、23年9月、全国で初めて認証制度の創設に乗り出した。

このようなサービスを使う場合、まずは信頼できる事業者かどうかを見極めることが重要なのは言うまでもない。

一般社団法人LMN
TEL：0120-003-867
HP：https://www.support-lmn.com

COLUMN

潜入！入居金6000万円の高級老人ホーム!!

さて、ここまで読んだ人は老人ホームについての知識もつき、老後の生活に対する解像度もかなり上がったと思う。ということで、ここで実際の「ホーム」に見学に行ってみたい。

訪れたのは、入居金6000万円の千葉・鴨川の高級老人ホーム。前章で紹介した「介護付き有料老人ホーム」にあたる。なぜここかと言えば、私のよく知る人が最近入居したからである。

その人は、ライブハウス「ロフト」創業者である平野悠さん。新宿ロフトやトーク居酒屋ロフトプラスワンなどをはじめとして、全国に10店舗を展開している。

そんな平野さんは79歳だがなんの病気もなく、その辺の若者より断然元気。声が大きく常にテンションが高いので、数メートル先で姿が見えなくても「平野さんがいる」とわかる。

ちなみに料理愛好家の平野レミさんの従兄弟《いとこ》でもある。「平野レミのおじさん版」と思ってもらうとわかりやすい。

そんな平野さん、東京都世田谷区に家があり、現在もしょっちゅう都内のイベントに出演しているのだが、21年、突如として千葉・鴨川の高級老人ホームに入居。払った入居金はなんと6000万円。

なぜ、それほどの大金を払ってまでわざわざ入ったのか。後悔はないのか。居心地はどうなのか。そして月々どれくらいかかるのかなど、根掘り葉掘り聞いてみた。

東京駅からバスで2時間と少し。辿り着いた「パークウェルステイト鴨川」は、高級リゾートホテルのような佇まいだった。予備知識がなければ誰もこの建物が「老人ホーム」だとは思わないだろう。

ロビーの天井は吹き抜けになっており、まるでお城のような造りだ。ラグジュアリー感溢れる内装で、21年11月にオープンしたばかりだからどこもかしこもピカピカ。

豪華なロビーで出迎えてくれたのは、ラフな服装の平野さん。さっそく館内の図書室やジム、カラオケルームやビリヤードルーム、露天風呂などなどを案内してくれる。それ以外にもパーティールームやアトリエ、クラブラウンジ＆バーなどがあるそうだ。どこも高級ホテルそのもので、圧巻なのは「オーシャンビューダイニング」という名の食堂。一面ガラス張りで、ここから眺める海は溜息が漏れるほどの絶景だ。

ウィークリーメニューを見ると、朝食は和食と洋食、昼と夜は3つのセットから選べるようになっている。メニューも「鶏肉入り中華風薬膳粥」とか「金目鯛の煮付け」とか「ガーリックバターチキン」とかで、やはり「老人ホームのメニュー」には思えない。すべてのメニューにはカロリーと脂質、塩分表示。

そんな館内で目にする入居者たちは、みな小綺麗でオシャレなシニアという感じ。どことなくセレブ感漂う人が多い。

驚いたのは、小さな犬を抱いた夫婦がいたこと。なんとここには、ペットと入れる部屋もあるそうだ。やはりこれだけお金を出せばペットと一緒に暮らすことができるのである。しかも、敷地内にはドッグランまであるという。

ということで、いよいよ18階の平野さんの部屋に突入だ。

ドアを開けた瞬間、息を呑んだ。窓から見えるのはどこまでも広がる鴨川の海。その向こうに山があり、青い空には雲が広がる。太陽の光を反射して、海は眩《まぶ》しいほどに輝いている。

「この景色でここに決めたんだよ！」と平野さん。

部屋の作りはキッチンや風呂、トイレとリビング、そして寝室がある1LDKで広さは65

平米。どこにも「施設感」はなく、完全に普通のマンションだ。

リビングには犬型ロボットのaibo。ここに入る時に購入したそうだ。キッチンには多くの酒瓶が並ぶ。たまに友人を呼んで宴会をし、YouTube撮影などもしているという。そのような場合、このホームには8000円ほどで泊まれるゲストルームもあるという。ビリヤードやカラオケルームにお酒を持ち込むことはできないが、部屋ではもちろん飲酒OKだ。食堂もOK。

　ということで、まず、なぜ元気なのに老人ホームに入居したのか聞いてみた。

平野さんの居室からの眺め

「結婚33年くらいだけど、長いことカミさんとうまくいってないんですよ。でも、カミさんは離婚は嫌だって言う。いい人なんだけど、もし俺がアルツハイマーになったりして、この人に下の世話までしてもらうのかと思うと愕然とするのよ」
　もともとかなり好き勝手に生きてきたため、妻とは家庭内別居のような状態だったという。世田谷の家は三階建てで、平野さんの部屋にはトイレもキッチンもあり、妻とは顔を合わせず部屋に行けるという独立した空間。ならばそこにいても良さそうなものだが。

「これからの自分を考えて、死ぬ時には東京ではない、海と山の見えるどこかで死にたいなっていうのが俺のロマンだったの。一人が好きだしね。最後はプロに任せたい」

また、このホームが近隣の亀田病院と連携していることも大きかったという。1階にクリニックがあり、館内には看護スタッフが24時間常駐。

「リハビリ病棟もあって、歩けなくなったらそこへ行って、元気になったら戻ってくるけど、ダメになったら亀田病院に入院するという流れだね」

そんなこのホーム、入居条件は60歳以上で、「入居時自立」。が、要介護状態になればもちろん介護サービスを受けられる。

平野さんはここに入るために入居金6000万円を支払ったわけだが、そうすれば最後までいられるのだろうか？

「入居金は90歳になったら全部償却されます。その前に出たら、いくらかは返却される。ただ問題は、ここの毎月の費用ですね。サービス料、共益費、食費なんかでだいたい20万円近くかかる」

なんと、それだけ高額な入居金を払った上で、月々20万円ほどを払わなくてはならないのだ。ちなみに約20万円のうち、食費は3万5000円。

「これは毎日3食ここで食べたら絶対足が出る。3万5000円だと月30食分くらいだから1日1食分くらい」

ここの食事には「飽きた」そうで、基本的には自炊しているという。そうなるとその分の食費もかかるわけだが、他にも出費はある。

「あと光熱費も自分持ち。それに俺は酒飲みだし旅行も行くし、そうすると月20万円のほかに15万円くらいかかるんですよ。だから月に35万円。それで90歳までいったら、軽く1億超えちゃうの」

確かに、月35万円だと1年で420万円。今79歳だから、11年で4620万円。入居金と合わせると1億円を超える。

「100歳まで生きるとなったら、1億5000万円くらいかかるんだよ」

ちなみにここに来る際、電化製品や家具などを揃えるわけだが、それにも300万円ほどかかったという。

そんな高級老人ホームに入っているのは、多くが経営者。他には医者、学者、弁護士など。

普通の勤め人の年金では「まず無理」という。

さて、この日は同じホームに入っているTさんも同席してくれたのだが、Tさんは不動産会社の社長。平野さんと同じように、妻と別居してここに一人で入居した。

離婚ではないから、二人とも、別居しつつ妻にお金を出しているという。

「うちのカミさんにはカード渡してるからね。だからいくら使おうと勝手なんだから最高だよな」と平野さん。

それは、本当に最高だ。旦那は老人ホームで、お金だけくれて、旦那がどうなろうと世話する必要は一切ない――。これ以上にいい境遇があるだろうか？

また、二人とも、今も収入があるという点もポイントだ。Tさんは不動産収入という形で、そして平野さんは数年前、代表取締役を降りたのだが、ロフトグループから給料が払われている。

平野さんは健康そのものだが、Tさんは最近、がんと膝の手術のため1ヶ月ほど入院した。入院費は、1日あたり1万5000円の個室代を入れて100万円ほど。高齢になればなるほどどうしても医療費はかかる。

が、平野さんは民間の医療保険などには「なんにも入ってない」とのこと。30代の頃、民間の年金に入ったが、「80まで生きることはないだろう」と思い、80歳までの設定にしたという。よって、今もらえている民間の年金は80歳になる24年には終わってしまうそうだ。確かに30代では80歳以上の自分など想像できないが、「人生100年」時代と言われる今、民間の年金などを年齢で区切るのは危険かもしれない。

ちなみに平野さんは高級老人ホームに入ったことに対して、「ミュージシャンやロフトから搾取していたのでは」などと勘ぐられることもあるそうだ。が、儲けたのは約40年前の万博が大きいという。大阪花博とつくば万博でドミニカ館の館長をやったのだ。なぜドミニカかと言えば、平野さんはロフトを作ったのち、5年間バックパッカーとして世界100ヶ国制覇を目指す旅に出る。しかし、5年経っても日本に帰る気がせず、ドミニカで日本料理店を開いたのだ。その関係でドミニカ政府とつながりができ、万博の館長までやって儲けたというのだから人生何が起こるかわからない。

今、平野さんは月の三分の一くらいを東京で過ごし、それ以外はここで過ごす。このホームの平均年齢は男性79歳、女性80歳。

ここにいる間は毎晩夕日を見ながらジャズを聴き、ビールを飲む時間が至福のようだ。同世代の中にはお金を自分のために使わず、子や孫に残したいという思いを持つ人も多いが、平野さんは「冗談じゃない」とのこと。

ホームでは、いくつか恋も始まっているという。夫婦で入っても、どちらかが亡くなればフリーの身。確かに恋が始まっても不思議じゃない。

ちなみに部屋は普通のマンションのようでいて、さまざまな見守りのシステムがあるようだ。部屋の出入りやトイレに入ったかなどが把握されているようで、長くトイレに行かないと電話がかかってくることもあるという。

至れり尽くせりな見守りと自由が両立した高級老人ホーム。それには、やはり相当のコストがかかるのである。


と、ここまで書いたところで、衝撃的なことが起きた。

取材から1ヶ月後、平野さんが突如、このホームからの退去を決めたというのだ。

平野さんのFacebookには以下のような言葉。一部引用だ。

「俺はここで毎日ほとんど誰とも喋らずに、ただ本を読んで音楽を聴いて素晴らしい大海を見ながめ酒三昧の隠居生活をしていた。

『老いさらばえてゆく自分』を見ながら死んでゆくのを覚悟していた。

果たしてこれでいいのだろうか？　高層タワーからのこの素敵な眺めを捨てられるのかを自問自答してきた。

ライブが見たい、映画も芝居も、友のイベントに参加したり一緒に酒も飲みたい、困っている友を助けたい。社会運動にも参加したい。

本も書きたい、映画も作りたい。ロフトというわたしが作った会社の成り行きを間近で見て意見してみたい、自分のライブや、ロフトラジオも再開したい。

なんて思い続けていたらこの地での、『孤立無援』な生活がどこかつらくなった」

そうして東京に戻ることを決めたのである。

やっぱり平野さんには隠居生活はまだまだ早かったようだ。

ちなみに6000万円の入居金だが、退去の場合、2割の1000万円が自動的に取られ、12年で償却されるのでそのうちの2年分も引かれるという。

「それでも3500万円くらいは戻ってくるのかな？」ということで、なかなか高い勉強代となったようだ。

第4章

健康

――CSRプロジェクト・桜井なおみさんに聞く

前章では親の介護や親亡きあとについて書いてきたが、ここからは自身の「健康」だ。

アラフィフの私自身、体力の衰えは日々感じている。20代、30代のように「徹夜で仕事」「朝まで飲酒」なんかとてもできないし、ちょっと無理すれば何日も不調が続く。お酒も弱くなったし、一度体調を崩すと復活までに時間がかかる。こういうことが「老い」なんだなと痛感し始めているこの頃だ。

そんな私にとって気になるのはやはり、病気のこと。

今のところ命に関わる病気をしたことはないものの、周りを見渡せば、「〇〇さんが入院したらしい」「〇〇さんが倒れたようだ」なんて話をちらほら耳にするようになった。

ちなみに多くの人が「将来かかる可能性の高い病気」として認識しているのは「がん」ではないだろうか。

何しろがんは1981年以来、日本人の死因のトップを独走している状態だ。今も年間約100万人が罹患し、約38万人が亡くなっているという。

がんになったと想定して気がかりなのは、やっぱり治療費や生活費など、お金のこと。

そんながんの治療費について、ある記事を紹介したい。2023年7月22日の朝日新聞に掲載された「お金の不安なく療養できれば」というものだ。

同記事には、NPO法人キャンサーネットジャパンの古賀真美常務理事が22年夏に実施したアンケート（がん治療経験者515人が回答）について触れられている。それによると、「治療費が負担だと思うか」という質問に対し、34％が「かなりそう思う」、18％が「そう思う」と答えたという。

「治療中、経済的な負担が原因であきらめたことがあるか」との問いには、17％が「ある」と回答。諦めた内容は、治療や検査、セカンドオピニオン、個室での治療などだったという。

このようなことは「経済毒性」と呼ばれ、近年、専門家の間で注目されているらしい。治療に十分なお金を持っている人とそうでない人の間に、生存期間の違いや症状・QOLの違いが出ることだ。

同記事には、愛知県がんセンター薬物療法部医長の本多和典さんの調査も紹介されている。それによると、年齢の低い人や非正規雇用の人で経済毒性が強いという結果が出たという。また、本多さんが医療従事者1000人に行った調査では、「患者の経済的負担を理由に治療や検査を患者に拒否される」などした経験のある医師は85％にものぼったという。

第1章で、経済的な理由で医療を受けられずに亡くなった「手遅れ事例」に触れた。が、それに近いことは全国の医療機関で起きているのだ。

ということで、この章では、がんサバイバーとしてがん患者の就労支援などに取り組む「一般社団法人ＣＳＲプロジェクト」（ＣＳＲとは、「Cancer Survivors Recruiting」の略）代表理事・桜井なおみさんに話を聞いた。

突然の診断、入っていなかったがん保険

67年生まれの桜井さんが乳がんと診断されたのは04年、37歳の時。会社の健康診断がきっかけだったという。

「たまたま受けたらあった、みたいな感じでした。進行がんで、区分としてはステージ2。大きさが2・5センチを超えていたので抗がん剤治療が必要な状態。早期発見ではありませんでした」

その時思ったのは、「このままどうなるんだろう」ということ。

「仕事も一番忙しい時期というか、部下もいたりして、職場でもいろんな仕事を任され始め

る時期ですよね」

この時の桜井さんの仕事はまちづくりや再開発に関するもの。大卒後、コンサルティング会社に勤めて14年という時期だった。中でも大変だったのが治療時間の確保。

「治療ってひとつの診療科で済むイメージがあると思うんですけど、複数の診療科に行かなくちゃいけないんです。乳がんだったんですけど、婦人科も行かなくちゃいけないし、手術後はリハビリもある。それがどこも混んでいるのでどこも1日がかり。診断書にはそこまで書かれてないのですが、月に4、5日は休まないといけないので大変でした」

がんと診断された翌月には右側乳房全摘手術を受ける。そこに至るまでの検査や手術までは「有休が山のようにあったので」、それらと夏休みなどを使ってクリアできた。しかし、抗がん剤治療が始まるという時、「手持ちの休みカードがなくなった」という。

「欠勤になっちゃうからどうしようかということで、傷病手当金を使うことにしました。これは本当に助かりました」

第2章で紹介した、病気や怪我で働けない時に給料の三分の二ほどがカバーされる制度だ。これを使って半年間、休職しながら治療をした。

ちなみにこの時、激しく後悔したのは「がん保険に入っていなかったこと」。

「現金がどんどんどんどんどん消えてゆくみたいな感じでした」

一方、がん保険に入っていれば、保険の種類にもよるがさまざまな支給がある。

「友達の中には、若い時にいくつか病気をしていたから、何口も入っていた人がいて、そういう人は『がんセレブ』って言われてました（笑）。診断時給付金っていうんですけど、がんと診断されたらドーンと入ってくる。それを通院時のタクシー代に使った人もいましたし、マンションの頭金に使った人もいました」

「がん」と診断された時点で、まとまったお金が入ってくるのはありがたい。

「がん保険、おひとりさまなら一口でも、安いものでもいいので入っておいた方がいいと思います。特に女性はがんになる年齢が早いので。55歳までだと、女性のがん患者さんは男性の2倍いるんです」

それは知らなかった……。ちなみにどんながん保険がいいのかというと、「あくまでも私の個人体験ですが、がんと診断された時にお金が出たり、通院をサポートしてくれるものだと助かる」とのこと。

「少なくとも一口、外来に対応できるようなものは入っておいた方がいいですね。放射線治療とかは毎日通院しなくちゃいけないので、交通費だけでバカにならないこともあります。

がん保険だと『亡くなった時にいくら入ってくる』とかもありますけど、治療を続けるには、まずは通院をサポートしてくれると助かるなぁと」

そんな桜井さん、がん保険には入っていなかったが、民間の医療保険には一口だけ入っていたという。役に立ちそうだが、その保険は入院に関しては15日以上しか保証がない古いものだった。

「**部位にもよりますが、今のがん治療はそんなに長く入院しない**んですよ。私の場合は主治医に事情を話したら、病理検査の結果が出るのに21日かかるからそこまでいる？ と融通をきかせてくれて給付が受けられたんですけど、今はもう無理だと思います」

今、保険に入っている人は、入院は何日目から保証されるか確認しておこう。

治療費がかさんでしまったら
——高額療養費

さて、それでは**高額な治療費がかかった場合、使える制度**はあるのだろうか？

「**高額療養費が使えます**。傷病手当金もそうですけど、日本の社会保障のシステムってすごいと思います」

高額療養費とは、医療費が高額になった場合に自己負担を軽減できる制度。例えば69歳以下で年収が約370万〜約770万円の人の場合、医療費が100万円かかったとすると自己負担は30万円。が、高額療養費制度を申請すれば、自己負担の上限は約8万7000円になる。4ヶ月目の申請からはさらに自己負担が減る「多数回該当」という仕組みもあり、これだと自己負担の上限が4万4400円になる。

「ただ、あとから知ったのですが、**高額療養費って月単位なんです**。私、初めての入院が7月28日で、30日に手術してそれから2週間入院したんですけど、8月1日に入院してたら、高額療養費で戻ってくるお金がもっと多かったんです。それがふた月にまたがっちゃったから戻りも少ない。放射線治療なんかも、例えば7月15日から8月15日ってなるとトータルで20万円くらいかかっても半々に分かれてしまうから、高額療養費を使っても戻りが少なくなる可能性も。それがひと月にまとまっていたら、もっと返ってくるんです」

どうしてもお金に困っていて治療を諦めざるを得ないような状況ならば、医師に確認しつつ、**1日から30日に入るような治療方針を立てることも最終手段**。覚えておくべき情報である。

そんな高額療養費制度がもしなかったとしたら、桜井さんの場合、どれくらい医療費がかかっていたのだろう。

「手術と入院でだいたい30万〜40万円が飛びますね。抗がん剤が高いんです。それにあわせて、髪の毛が抜けたらウィッグを買わなきゃいけないし、下着なんかも新しいものを買わなきゃいけない。初期治療と言われるパッケージ、手術と放射線と薬物治療なんかで100万円はかかると思います。3割負担で」

それを思うと、高額療養費は本当にありがたい制度である。が、それでも医療費で月4万〜8万円を負担するというのは大きな額だ。

「しかも**税金は前年の収入で来るので、がんになる前年に収入が高かったりすると、税金の支払いが大変**ですよね」

また、意外と知られていないのが、**ウィッグの助成金**。

「やっていない自治体もあるんですが、やっているところだと領収書を持っていくとお金のサポートが受けられます。自治体によって額は違います」

桜井さんも、抗がん剤治療中にウィッグを購入した。値段は3万円弱。ウィッグというと特注のものを想像するが、普通にデパートや通販で買う人が多いそうだ。男性は専用のカツラを扱う店で入手する人も多いという。

「抗がん剤って6ヶ月くらい治療するので、ウィッグはふたつくらい必要ですね。ウィッグ自体が傷むので、ひとつだとちょっと困ることも」

と、ここまで書いてきただけでも、手術や高額療養費の申請など、がんになると怒涛の「初めて」が押し寄せてくるわけだが、入院という大イベントもある。桜井さんの初めての入院は大部屋。どうしても個室がいいという人もいるだろうが、それだと差額ベッド代で都市部だと1日あたり1万〜3万円ほどかかる（治療上の必要があり、病院の判断で個室になる場合は差額ベッド代はかからない）。ただ、大部屋にはメリットもあったという。

「いい部分は、情報交換ができることですね。私は隣に人がいたら話しかけちゃうタイプなので。愚痴をこぼせるのもよかったですね」

一方、デメリットは。

「やっぱり生活習慣が違うので、それを合わせなきゃいけないことですね。あと、私は2回目の入院からはノイズキャンセルのイヤホンを持っていきました。イビキがすごい人とかもいるので」

このような事情から個室を望む人は、差額ベッド代が補償される医療保険に入るのも手だ。

ちなみに桜井さんは既婚。がんになった時もすでに結婚していた。家計は完全に独立採算制だというが、いざという時頼れる夫がいることは心強かったという。配偶者がいない独り身は、普段から友人などとお互いが「入院した場合」「病気になった場合」、助け合うという約束をしておくといいだろう。

私も独り身の友人とそのような友好条約を締結している。これが本当にありがたかったのは新型コロナにかかった時。食料の置き配はもちろん、私が外に出られない間、体調を崩した猫を動物病院に連れていってもらったりもした。

仕事と治療を両立させる難しさ

傷病手当を使って半年ほど休職した桜井さんだが、大変だったのは復職してからだったという。

「復職した時に、久しぶりの出社で転校生気分。『はじめまして』みたいな感じで、**景色が変わって見えちゃう**」

通院との両立も難しかった。

「まちづくりの仕事なので、土木、排水、建築などいろんな会社とコラボレートしながら進めていくんです。なので、会議の日程が自分ではコントロールできない。**会議の日が外来日と重なると、外来日を変えるのは難しいので欠席するしかない**んです。そうすると、迷惑をかけたという気まずさが残る。それですごく落ち込んで、孤立感がありました」

それだけでなく、後遺症も桜井さんを苦しめた。

「リンパ浮腫という後遺症です。私は右の乳がんだったので、脇のリンパ節を取ったんですね。そうすると、手がむくみやすくなるんです。仕事には複雑なマウス操作が必須なんですが、それがすごくしづらくなりました。右利きを左利きにしようとしたりしたんですけどできなくて、それが一番の原因で仕事は辞めました」

浮腫は術後の後遺症として非常に多いという。

「**婦人科系のがんや胃がんなんかは股のところにあるリンパ節を取るんですが、そういう場合は足にむくみが出る**んです。そうなると、足のむくみがひどくて立ち仕事ができなくなったり。そういう理由で仕事を辞めたという話は聞きます」

後遺症の影響は他にもあった。

「リンパ液の流れが変わるので、**虫刺されも避けなければならなくなったり。ガーデニングも土が爪の間から入ったりすると化膿《かのう》しやすくなっている**ので気をつけてと。仕事上、現場に行くこともあったので、ゼロリスクは無理だなと思い、それもあって辞めました」

パート代すべてが治療費に消える

辞めたあとは、しばらくパートをしていたという。

「治療費があったからしばらくパートをやってたんですけど、思ったのは、**おひとりさまで非正規雇用だったらもう無理だなと思いました。だって、手取りが全部、治療費に消えていくんです**」

それはキツい……。

「私はいつも2月に全身検査を受けていたんですが、1月2月って休みが多いじゃないですか。祝日が多いと自動的に手取りが減る。手取りが8万円とかだと、全身検査の月にはそのお金が全部検査で消えるんですよ。なんのために働いているのかなと思っちゃいますよね」

そのような状況で頼れる人もなく貯金もない場合、生活保護を利用するのがもっとも現実的だろう。それならば医療費も無料になるからだ。そうして病気が治ればまた働けばいいのだ。

ちなみに私の知人の中にもがんになって生活保護を利用している人がいる。現在、生活保護を利用する中でもっとも多いのは「高齢者世帯」で、55・6%。その次に多いのが「障害者・傷病者世帯」で24・8%(厚生労働省　生活保護の被保護者調査・令和3年度確定値)。「働けるのに怠けている」など何かとバッシングの多い生活保護だが、実に利用者の8割以上を占めているのが高齢者と障害や病気、怪我で働けない人なのである。

日進月歩の進化を遂げるがん治療

さて、パートではなかなかやっていけないと痛感した桜井さんは、正社員を目指して就活を開始。無事にキャリアを生かした業種に転職することができた。面接などの際にがんのことは話したのだろうか？

「面接の時はがんのことは言わず、持病があるので月に何日かお休みを取りますと言いました。がんのことを言ったのは働き始めた初日です。『実は病名はがんで、今まだ治療中です。ただ、大きな治療はもうなくて、体調も安定しているので大丈夫です』と伝えました」

以前は後遺症によってマウスがうまく使えないことで退職となったわけだが、新職場はタイピングの方が多かったので大丈夫だったという。通院回数も減ってきていた。

「一番大きかったのは、3ヶ月製剤が出てきたことですね。それまでは月に一度、お腹に注射をしに通院しなくちゃいけなかった。それと他の通院もあって月に4日くらい休んでいたんですが、注射は3ヶ月に一度で良くなった。値段も1ヶ月製剤と比較すると三分の二くらいになるんですね。仕事との両立も楽になったし、懐にも優しかったですね」

その職場は1年で退職し、07年、がん罹患と就労に関する政策提言・課題解決を行うためにCSRプロジェクトを立ち上げる。同年、がん患者の就労支援などに取り組むキャンサー・ソリューションズという会社も立ち上げた。がんになってから3年目のことだ。

「患者体験を社会に戻せるような仕事ができたらいいなと思ってたんですね。それまでも仕事と治療をしつつ患者としての活動をしていたんですが、それ一本に絞って仕事になったという感じですね」

とにかく「柔軟な働き方」

CSRプロジェクトを始めて2024年で16年。現在、インターネット会員は400人にまで増えた。がん経験者が大半だが、中にはがんの家族を支えたいという人もいる。電話で個別の相談を受けたり、オンラインミーティングで患者同士が交流したり。それ以外にもシンポジウムや勉強会、研修会などを開催している。

桜井さんのもとに届くがん患者の方からの声には、どんなものを求める意見が多いのだろう。

「**やっぱり柔軟な働き方、これに尽きます**ね。がん患者だけじゃなく、子育てしてる方も介護してる方もみんな言います。電話相談を受けていても、会社によっては前例がないからパートも時短勤務もダメってこともある。午前中病院に行きたいから、外来日がそこしかないから週に一回お休みさせてくださいって言っても、なかなかそれが通らないこともある。

社内に子育て支援の制度があるのに、それが病気では使えないということもあります。そのあたりをもうちょっと柔軟にしてくれれば、病気の人も子育てや介護をしてる人もみんな働きやすくなるのに。だいたいみんな要望は、時短勤務がいいとかリモートワークがいいとか、共通してるんです」

この視点、ぜひ全企業に今すぐ取り入れてほしいものだが、逆に困るのは「過剰な特別扱い」だという。

「患者さんによっては配慮が特にいらない人もいるんですけど、会社側が過剰に配慮して、『会社に来なくていい』と言ったり、『2ヶ月に一度診断書を出せ』と言ったり。会社によってバラバラなんですよね」

「休み方」より「働き方」

また、良かれと思っての「休みなよ」が当人を追い詰めることもあるという。

「よくあるのが、**『休みなよ』が『辞めなよ』に聞こえちゃうということ**です。会社側は良かれと思って言ってるのに、本人の気持ちが落ち込んでいる時は『辞めなよ』と聞こえてしまう。今、企業研修もしているんですが、その時に必ず言うのが、**『こんな制度があってこういうふうに休めるよ』ではなく、『うちはこういう働き方ができるよ』と言ってほしいということ**ですね。言葉ひとつで変わるんです。介護や子育てをしてる方にも休み方の提示ではなく、『こんな働き方があるよ』というふうに伝えてほしいですね」

自分が言われる側だとしても、「働き方」と言われた方が、ここにいていいんだと思える。そういう安心感、すごく大切だ。

CSRでは、現在、会社の中にがんコミュニティを作るという取り組みを始めているという。ってていうかそれ、めっちゃいい。自分ががんになった時、あるいは家族ががんになった時、そこに駆け込めば多くの情報を得られそうではないか。しかも等身大の、まさに自分にとって必要な情報の宝庫だ。

「今、ちょっとずつやっています。体験談がイントラネット（内部ネットワーク）に載っていたり、がん患者たちと就業規則を変えていったり。子育て中の人や介護をしてる人も『うちの会社のこの制度は使いにくい』というのがあるので、みんなで変えていこうとしています。難病の人も使えるし、社内にそういう人がいるとロールモデルになるんですよね。相談とかもできるので」

その通りで、がんを経験した人たち自身が大きな社会資源である。

「そういうことを積極的にやっている会社はだいたい人事や社長ががんの経験者なんです。今、心理的安全性って言葉が注目されていますが、職場でがんだってことを言えれば、ほぼほぼ全部イケるよと言っています。そういう職場は、きっとLGBTQsの人たちも働きやすい。自分はこういう配慮が欲しいですと言える職場ですよね」

確かに、がんの人が働きやすい会社はさまざまなライフステージの人が働きやすい会社だ。

他にも、CSRではがんになった時に使える制度に関するさまざまなアドバイスもしている。例えば傷病手当金の落とし穴などについて。

「**傷病手当金をもらっていて会社を辞める人が、会社の鍵を返すために1日出勤したりすると、そこで傷病手当金が打ち切られてしまう**んです。体調が悪い中、お世話になった気持ちも返そうと、無理して届けに行っちゃダメ。郵送にして、その気持ちは手紙などで伝えようと言っています」

そんな傷病手当金絡みで書いておきたいのは、以前、私が取材した女性のケース。彼女はがんになったことが原因で派遣切りの憂き目に遭ってしまったのだが、幸い、会社の健康保険に入っていたため傷病手当金の対象だった。その際、**派遣切りされる前に治療が開始されるようにするなど、傷病手当金が確実に受けられるようにした**という。医者と相談して治療を早めてもらったのだ。このように、知識さえあれば使える技はたくさんある。

「うちには社労士さんもいるので、今会社を辞めたらあなたの場合、これくらい雇用保険が出るよとか、あと2ヶ月頑張れば、もう30日分プラスになるよとか、そんなアドバイスもしています」

フリーランスががんになったら

一方、私は傷病手当金も雇用保険もないフリーランス。不安は尽きない。

「フリーランスは大変ですよね。病院に行く時間はあるけれど、その間、仕事ができなければ収入ゼロですよね。フリーのライターだったらオーダーが来なくなったり、執筆依頼ががんのものしか来なくなったり。噂がワッと広まって、『今治療が大変だから仕事頼むのはやめようね』とか、本人に聞きもしないで仕事依頼がなくなってしまったり。最近、近所の和菓子屋さんに、『がんの治療で和菓子づくりができないからしばらく休業します』という貼り紙がありました。がんの治療で食べ物の匂いがキツくなったり治療薬で手が痺《しび》れることもあるので、**一時的に休むことになるわけですが自営だとなんの保障もない。自営業は自衛業とも言いますから、自衛しないといけない**んですよ。がん保険って結構厳しいので」

そのあたり、フリーランスに限らずぜひ知りたい情報だ。

「**入る時が厳しいんです。定められている条件にひっかかってしまうとそれを申告しないと**

いけない。健康なうちに、本当に安くていいから一口でも入ってほしいですね」

最近は、病気で働けない間の生活保障を売りにした保険もあるが。

「自営業や中小企業の経営者の人なんかはありだと思います」

また、前述したように**通院特約など外来の保障があるものが必須**。特約だと、先進医療特約もあるが、それはどうなのだろう。

「いざという時、先進医療と定められている治療に使えますよというものですが、先進医療って病院が限定されている上、対象となる治療も毎年変わっていくんです。昔は先進医療だったものが、今は保険で使えるようになっている。どんどん変わっているので、自分がどこまでの医療を受けたいかということをよく考えることが大切ですね」

3ヶ月製剤の話もそうだが、がん治療の現場は日進月歩の進化を遂げているのである。

体験者に聞く

ちなみにCSRでは就労についての相談に乗っているが、**薬の副作用や手術の方法に悩んでいる場合、「がん相談支援センター」に行くのがいいそうだ。**

ここでは、ソーシャルワーカーや看護師などが、がんに関する相談を無料で受けているという。その病院に通院していない患者さんや家族も利用可能。

そのほか、地域で活動する患者団体に関する情報は「全国がん患者団体連合会」に相談する手もあるそうだ。

「加盟している患者団体の中では、体験者の話が聞けたりします。膀胱《ぼうこう》がんの患者さんで、膀胱を取った方がいいのかストーマにした方がいいのか、ずっとおしめをするのかとか生活上のこととかを聞きたい時、体験者いないですか？　と声をかけると話が聞けたりします。声帯を取るかどうか迷っている人も、取ったという人に話が聞けたりします」

どんな名医よりも、経験者だからこそわかることがある。こういうコミュニティがあると知れただけで、「もしがんになったら」という漠然とした不安は、「もしがんになったらあそこに駆け込めばいい」という安心感に変わる。

10年で500万円の治療費

さて、乳がんを経験した桜井さんだが、これまでにかかった医療費などの総額はだいたい500万円だという。

「初年度が、ウィッグや衣類なども入れて全部で120万円くらいでした。その後、私はホルモン剤を10年間飲んでいました。その薬代と、検査代ですね。PET検査や血液検査、交通費と、10年間の治療で500万円くらい消えています」

高額療養費があるといっても、これだけのお金がかかることは肝に銘じておきたい。

最後に、桜井さんに「こういう準備はしておいた方がいい」ということがあるか、聞いてみた。

「よく患者さんに言ってるのは、頼る勇気を持ってほしいということですね。そしてまだ健康な人には、頼られる準備をしておいてほしい。頼られるって結構嬉しいんですよね。そうしたら、恩返しみたいに、今度自分が困った時に頼れますよね」

頼る勇気と、頼られる準備。そしてお金に関する使える制度と患者会などの情報。通院特約がついたがん保険。

とりあえずこれさえ揃っていたら、がんはなんとか乗り切れそうではないか。

その上、CSRプロジェクトの会員になればさらに無敵である。

一般社団法人CSRプロジェクト
HP：https://www.workingsurvivors.org/

第5章

トラブル

――相談室ぱどる・原昌平さんに聞く

ここからは、これまでの章では分類できない「トラブル」について原昌平さんにお聞きする。

原さんは行政書士、精神保健福祉士、社会福祉士、ファイナンシャルプランナー、宅地建物取引士、NPO大阪精神医療人権センター理事、ジャーナリスト、大阪公立大学・立命館大学客員研究員などの多くの資格・肩書きを持つ人にして、現在「相談室ぱどる」（大阪府堺市）の代表をつとめている。

なぜ、ここで原さんを紹介させて頂くかと言えば、私自身が「相談室ぱどる」にお世話になってきたからである。

これまで、プライベートな相談事から友人知人に起きたトラブルなどに対応してもらってきた。それだけではない。時に知人や仕事関係者から「こういう困難ケースがあるのだがどこに相談すればいいかわからない」という時などにも紹介させて頂いた。その中には、どう考えても警察沙汰なのに、いくら言っても警察が動いてくれないというケースもあった。

「ぱどる」が扱う問題は多岐にわたる。

パンフレットに躍るのは「生きていく安心から、相続・死後の備えまで」「社会保障＋福祉＋法律＋医療＋お金＋住宅」。

そうして以下のような説明文。

「総合的に相談に乗り、生活の設計と支援をおこないます。公的機関で対応しづらいサービスを有料で提供します。国家資格をもつ専門職が、家族の代わりになります」

例として挙げられているのは、家計の負担を軽くしたい、一人暮らしや老老世帯で老後・死後が心配、相続の時に家族・親族が争うのを防ぎたい、障害のある子、ひきこもりの子の「親なき後」が心配――などなど。

そんな原さんは2020年、定年退職を機に「ぱどる」を立ち上げたのだが、前職は読売新聞大阪本社編集委員。そこで長らく担当してきたのが、医療や福祉の問題だ。

そんな中で見えてきたのが、専門家は自分の専門分野しか知らないということ。

福祉職の人は福祉に詳しくても、法律や税金についてはわからない。一方、弁護士や司法書士は福祉や社会保障制度のことをあまり知らない。行政の人は、自分の窓口のことはわかっても、違う分野のことは知らない。また、困りごとがある時、そもそもどこに行けばいいのかわからないこともある。市役所なのか、保健所なのか、労基署なのか、ハローワークなのか、年金事務所なのか。

そんな縦割り行政の中、利用できる制度を知らなくて損をしている人、制度の狭間《はざま》に落ちるようにしてセーフティネットから漏れてしまう人が生み出される。だからこそ、ナビゲート役が必要ということで始めたのが「ぱどる」。

そんな「ぱどる」が得意とするのは、社会保障をフル活用するノウハウや暮らしのサポート、相続、遺言、終活サポートなどなど。中には「継続的な生活支援サービス」もあり、「緊急時連絡カードの作成」や「カギの預かり」、また「パソコン・スマホ・通信の設定補助（基本的なもの）」というのもある。今すぐ高齢の親戚なんかに勧めたいし、なんなら私も使いたい。

相談料は現在、一時間5000円（＋税）。また、役所への手続きサポートは2500円から、公共サービス等の移転、契約、解約、精算（電気、ガス、水道、郵便、定期券など）も2500円からなどと分野別に細かく料金設定されている。

まさにかゆいところに手が届くサービスを提供している原さんに、親やきょうだい、また友人知人とのトラブルについて聞いてみた。

以下、これまで私が相談を受けた事例などを参考にした質問に回答してもらった。

親亡きあと、ひきこもりのきょうだいの生活が心配

Q 自分は実家を出て自立生活しているものの、実家ではきょうだいがずっとひきこもっている。今は両親がいるが、もう高齢だし、両親亡きあとは自分が面倒を見なくちゃいけないのか不安。きょうだい仲は決して良くなく、昔から敵視されている感さえある。きょうだいに働いた経験はなく、メンタルを病んでいる可能性も高いが病院の話になると両親に暴力を振るう。どうやって医療につなげればいいのか、また、そもそも仲の悪いきょうだいの面倒は見なければいけないものなのか――。

「まず、精神科に行くのはどうしても嫌だというケースはよくあります。

そういう方に医者にかかってもらう方法として、**精神科ではなく、内科系での受診を勧める**というやり方があります。

眠れない、疲れやすい、身体が重いなどの症状がないか聞いてみて、『眠れないのは辛いよね』という形で、身体の方を見てもらうというふうにしてはどうでしょうか。そうすると、受診に抵抗がなくなる人もいます。そのようなやり方で、まずは心療内科や脳神経内科、あるいは一般の内科にかかってもらう。

それも抵抗があるという場合、**往診や訪問診療**（**定期的な訪問**）**を利用する**手があります」

それは簡単に受けられるものなのだろうか？

「往診や訪問診療をやっている病院かクリニックを探して、事情を話して来てもらう。医師の指示書をもとに訪問看護ステーションから看護師に来てもらうという方法もあります」

病院に行くよりも、来てもらう方がまだ抵抗がない場合も多いだろう。

一方、不安なのは両親が亡くなったあと、自分が面倒を見なくてはいけないのではということだ。

「まず基本的なこととして知っておいてほしいのは、**きょうだいの面倒を見る義務はない**ということです。

民法では、直系血族（父母・祖父母・そう祖父母・子・孫・ひ孫）と兄弟姉妹には、扶養義務があることになっています。が、その中でも**『強い扶養義務』があるのは夫婦と未成年の子に対する親だけ**です。夫婦間と、17歳以下の子どもに対する親ですね。そこに対しては、自分と同程度の生活をさせる義務がある。

しかし、兄弟姉妹の場合は、**本人が職業や社会的地位にふさわしい生活を成り立たせた上で、なお余裕があれば援助する義務**なんです。**これは高齢の親に対しても同じ**です。成人した子が、無理してまで親の援助をする必要はない。親から成人した子に対しても同じで、無理して面倒を見る義務はありません」

しかし、放っておくのも抵抗がある。何かあったら「きょうだいは何やってたんだ」なんて言われる可能性もあるわけだし。

「私も、『離れて住んでいる高齢のきょうだいが一人暮らしで、介護が必要になったらやっぱり自分が世話をしなければならないのだろうか、引き取らなくてはいけないのだろうか？』という相談を受けたことがあります。ですが、別々に暮らしているなら、できることはきょうだいをその地域の福祉につなげる、介護が必要そうだったら地域包括支援センターにつなげるなどです。

この方の場合、先ほどのように訪問診療につなげておくか、市役所のひきこもり担当課や障害福祉課、地域の民生委員に事情を話しておくこともいいですね」

一方、親がひきこもりの子どものために遺産を残していたとしても、いずれは尽きる。そのような場合、金銭的支援が必要になる可能性もあるわけだが。

「**お金がなくて生活できないという場合は生活保護を利用すればいい**と思います。**申請は、本人でなくともきょうだいなど扶養義務者、また同居の親族が代理でできます。**経済的に余裕がなければ、身内が援助する必要はありません」

遠くにいる一人暮らしの親が使える制度は

では次は、遠方にいる一人暮らしの親が心配、というケースだ。

Q 数年前に母親を亡くし、実家では父が一人暮らしをしています。認知症などはないようですが、時々、通帳がどこにあるかわからないと連絡が来たりします。このような父親を日常的に見守ってくれる制度はないのでしょうか。

「**日常生活自立支援事業**」というものがあります。

高齢や障害などの理由で、一人では日常生活に不安のある方を支援する制度で、地域の社会福祉協議会と契約すれば利用できます。

例えば日常的な金銭管理が不安、お金を使いすぎてしまう、行政からの書類が届いてもどうすればいいのかわからない、福祉サービスを利用したいけれどやり方がよくわからない、預金通帳や印鑑などをなくしてしまいそうなので預かってほしい、などなど多岐にわたります。

社会福祉協議会のスタッフが生活の援助をしてくれるサービスなので、希望者が多くて順番待ちになることもありますが、まずは地元の社会福祉協議会に相談してみてください」

使えるのは「福祉サービス利用援助」「金銭管理」「重要書類の管理」「見守り訪問」の4

つだ。費用は安く、だいたい月に数千円程度。

例えば横浜市社会福祉協議会の制度だと、通帳預かりサービスは生活保護利用者は0円、その他の人は月250円（年3000円）となっている（https://www.yokohamashakyo.jp/ansin/kenri/）。

「後見人」ってどういうもの？

一方、親の認知症が疑われる場合などはもっと踏み込んだフォローが必要だろう。

Q 田舎で一人暮らしをする父のもとに帰省すると、綺麗好きだったのに部屋は散らかり、いろいろと忘れっぽくなっていました。それだけでなく、訪問販売の人に言われるままに高額な浄水器を買っていたり、必要のないリフォーム契約

をしていたりして、このままだと取り返しのつかないことになりそうな予感がします。以前「後見人」という言葉を聞いたことがあるのですが、どういうものか知りたいです。

「**後見人とは、判断力の十分でなくなった人の生活や財産を守る制度**です。

まず、『**任意後見**』と『**成年後見**』のふたつがあります。

『**任意後見**』**は、本人に十分な判断力があるうちに、判断力が低下した場合に備えて、後見人になる人を選んで契約しておくもの**です。

対して**成年後見制度は、すでに判断能力が低下している人に後見人をつける制度**で、家族などが家庭裁判所に申し立て、後見人が選ばれます。

親族がなることもありますが、司法書士、弁護士、社会福祉士、行政書士、精神保健福祉士などの専門職がなることの方が多いです。後見人に払う報酬はだいたい月に2万円くらいからです。本人の財産から支払われます。

認知症だけでなく、精神障害や知的障害の人、あるいは買い物依存やギャンブル依存でお

金を使いすぎるという場合でも、この制度を使えることがあります。

成年後見制度は、本人の判断能力の程度によって、**後見、保佐、補助**の3種類があります。

補助は、本人の同意が前提です。日常的には特に制約がないけれど、申し立ての範囲内で家庭裁判所が個別のケースに応じて定めた特定の法律行為について、補助人の同意が必要になります。

保佐は、通常のことは本人ができますが、借金や不動産売買、建築など、法律で定められた重要な行為は保佐人の同意がないとできません。

後見は、日常的な買い物などは本人ができますが、それ以外のことは後見人が代理で行い、本人だけで交わした契約などは、後見人が取り消せます。

例えば親が認知症で不適切な契約や借金をしてしまう場合など、子どもが家庭裁判所に後見人開始の申し立てをし、家裁の審判で後見人が決まれば、親の借金や契約を後見人が取り消せるようになります。

そのほか、成年後見制度の利用がどうしても必要になるのは、不動産売買、遺産分割協議、民事訴訟などです。

後見人がすることは、「**財産管理**」と「**身上監護**」です。

財産管理とは、預貯金や収入支出の管理、不動産の管理です。

身上監護とは、医療や介護、住まい、施設などに関する契約などの法律行為を行い、当人の生活を守ることです。ただし、医療行為について同意する権限はありません。介護や片付けなどの事実行為をすることも含まれません。

現在の成年後見制度には問題点がいくつかあります。

一度開始されると、死ぬまでやめられないこと。**低所得者の場合は、市町村から助成がありますが、それ以外は、本人の財産から費用を負担する**こと。

申し立ての時に後見人や保佐人の**候補者を挙げてよいけれど、決めるのは裁判所なので、誰が選ばれるか不確実**なこと。そして**専門職が後見人になった場合の『相性』がどうかということ**。明らかな不正でもないと、交代を求めてもなかなかチェンジしてもらえません。

例えば病院や施設に入っている人の場合、後見人がほとんど会いに来ないとか、法律家なので福祉感覚が足りないとか。

後見人や保佐人は1年ごとに『こんなことをやりました』と裁判所に報酬を請求します。裁判所が報酬額を決めて、本人の財産からそのお金を出します。

親族が後見人になった場合もお金はもらえますが、請求していない人が多いですね。

ただ、金銭管理や書類作成などの労力もかかるので、相続人になる見込みの人が他にいるような場合は、裁判所に請求して報酬をもらった方が、相続の時に多めにもらおうとするより、クリアでいいと思います」

相続でもめたくない

次はズバリ、相続について。

Q 両親はまだ健在ですが、3人きょうだいなので、相続できょうだいともめないか不安です。ちなみに私と兄は実家から遠い場所で暮らしていますが、姉は実家の近くに嫁いだので、親の介護が必要になると姉がある程度の負担を背負うことになりそうです。相続でもめないよう、今のうちにできることはあるでしょうか。

「相続で一番トラブルになるのは、きょうだいが複数いたとして、親の介護を近くに住んでいた一人がやっていた場合です。

例えば長女が世話をしていたとなると、自分だけが面倒を見たんだから相続で多くもらって当然だと思う。だけど他のきょうだいは『頼んだわけじゃない』と言う。そうしてもめるというケースが非常に多くあります。

面倒を見ていない方は、その負担がなかなかわからないものです。『親が生きてるうちに勝手にお金を使ったのでは』と言うこともある。ただ、生きているうちに親のお金を使ったとしても、相続は基本的に亡くなった時点のものが対象で、解決は厄介です。

世話をしてくれた子どもに多く財産を渡すという遺言を親に残してもらう方法もありますが、これも結局、仲違《なかたが》いを生みやすい。

このような場合は、**相続の時に多めにもらうのではなく、親が生きているうちに親と契約して、世話代を受け取ることをお勧め**します。月何万円とか、通院の付き添いはいくらとか決めて、その都度受け取る。それできょうだいにも言っておく。

親に判断能力が乏しい時は、きょうだいと話し合って、あらかじめ世話代の金額を取り決めましょう。

また、相続で気をつけるべきことは、**資産があると思っていたら借金の方が多い場合もある**ことです。このような場合、資産も借金もどちらも放棄する**相続放棄**という方法があります。こちらは**相続の発生を知ってから原則として3ヶ月以内に手続きしないといけない**ので要注意です。

金融関係の債務は、**全国銀行協会、CIC、JICC**という3つの信用調査機関に照会すればわかります。現実には3ヶ月では財産と債務の調査が終わらないことが多いので、放棄できる期間の延長を家裁へ申し立てます。先に相続財産の一部を受け取っていると相続放棄できないので、その点も注意します」

親が亡くなり口座が凍結

それでは次は、親が亡くなってから派生するもろもろだ。

Q 親が亡くなりました。銀行口座が凍結されたので、もろもろの支払いもできず困っています。また、どの生命保険などに入っていたかもよくわからず、さまざまな解約を考えると気が遠くなります。

「このような相談は非常に多いですが、残された人を困らせないために必要なのは、**取引のある金融機関のリストを作っておく**ことです。それがあるかないかで全然違います。**預貯金や投資信託の有無は、金融機関ごとに個別に問い合わせないとわからない**からです。

特に困るのはネットバンキングですね。ネットだけで通帳がないと、まずパソコンやスマホのパスワードがわからない。もし開けても、暗証番号もわからないからログインできない。ただ、上場株と生命保険は一箇所に問い合わせたら、どこと取引があるのかわかるようになっています。

上場株については、『証券保管振替機構』という専門機関があり、そこに問い合わせたら一括照会できます。

生命保険は『生命保険協会』が最近同じようなサービスを始めました。

銀行口座が凍結されたということですが、**銀行はその人が亡くなったという情報を得たら口座を凍結します。**誰かが勝手に預金を引き出すなど、相続のトラブルを防ぐためです。

こちらから知らせればもちろんですが、**知らせなくても凍結されることがあります。例えば地方紙の訃報欄に載ったことで凍結されることもあります。**ゆうちょ銀行だけは、書類を出さないと口座は凍結されません。

口座が凍結されたら、相続手続きをしないと原則、引き出せません。ただ、葬儀代でどうしても必要だったりするので、法定相続人なら限られた範囲の金額は引き出せます。また、電気やガスなどの口座引き落としもストップするので、各企業に連絡して払込用紙を送ってもらいます。

意外と大変なのは、サブスク（月額課金・定額制で契約するサービス）関係の解約です。子どもは親がなんの新聞を取っているかはわかっても、親がなんのサブスクに入ってるかまでは知りません。特にネット関係。生前に契約一覧を作ってもらうといいですね」

警察を動かすのは「告訴」

次は、「むちゃくちゃ困って相談しているのに警察が相手にしてくれない」というケースだ。

いろいろなケースがあるが、その中には「友人同士のトラブルでしょ」「双方でよく話し合って」と片付けられてしまうものも多い。が、中には被害が発生している場合もある。

例えば以下のような場合だ。

Q 知人が強引に家に居座り、何度言っても出ていってくれない。もともと精神障害があったのだが、突然妄想のようなことを口走って攻撃的になり、自殺をほのめかしたりして、自分の家なのに数日戻れない状態が続いている。警察に相談しても「よく話し合って」くらいで取り合ってくれない。ホテル代もかさみ、着替えを取りに戻ることもできず本当に困っている。本人が本当に自殺してしまわないかも心配だし、急激に病状が悪化した様子なので、どうしたらいいかわからない。

「人の家などから出ていってくれと言っているのに出ていかない場合は、**『不退去罪』**となります。この方はその被害者ということになりますので、**警察に行ってください。ただ、『相談』とは言わないでください。相談だと、本当に相談だけであしらわれて何もしてくれないこともあります**」

またも登場、警察にも「水際作戦」があるのだ。

「**警察を動かすのは、相談ではなく『告訴』です。**本人が訴える場合が告訴、第三者の場合は告発になります。告訴、告発されると警察には捜査する義務が発生します。その捜査結果を検察庁に報告しなければならないんです」

よく「被害届」という言葉も聞くが、それではダメなのだろうか。

「**『被害届』でもいいんですが、告訴の方がより確実**です（告訴は口頭でもできます）。そうすれば警察は捜査します。出ていかない人に対して説得もするでしょう。警察がするのは犯罪の捜査と保護です。出ていかない人の言動などから精神障害が疑われ、医療の方が必要だと判断すれば、警察は保健所へ連絡します。警察の仕事はそこまでです」

そこから先は保健所の管轄だという。

「警察から連絡があった場合、ただちに入院が必要ということもあれば、認知症ということもありますし、泥酔状態で酔いが覚めたら大丈夫というケースもあるでしょう。そんな中で『自傷または他害のおそれ』があると保健所が判断すれば、保健所は措置入院の手順に入ります」

措置入院とはどのようなものだろう。

「精神障害のせいで『自傷または他害のおそれ』がある人を行政の権限で入院させる制度で、精神保健指定医という資格を持つ二人の医師が入院が必要と判断すれば措置入院となります。

入院治療の結果、症状が落ち着けば解除となり、制度上は退院できます」

親の借金は子どもが返さなければいけないの？

次は借金について。しかも本人のではなく、親の借金だ。

Q 親が事業の失敗で莫大な借金を背負ってしまいました。私は親とは離れて暮らしていますが、子どもなので親の借金を返さなくてはいけないのでしょうか。

「家族には借金の返済義務はありません。親であろうがきょうだいであろうが、夫婦であろうが、保証人になっていない限り、返済義務はないのです。なので返す必要はありません。

よく夫が仕事に失敗して借金を作った、妻の自分が返さなければと思い込んでいる人がいますが、そんなことはありません。夫本人が自己破産すればいいのです。それで家を失うなどがあるかもしれませんが、借金に苦しみ続けるよりはいいでしょう。

また、**ギャンブルなどで作った借金では自己破産しても免責（返済義務の免除）が認められないとよく言われますが、免除してもらえる可能性はあります。**弁護士会や法テラスなどで相談してみましょう」

身寄りのない人の入院は

Q 入院する時など、誰も身寄りがない場合に困ることはありますか。最近は保証人が必要という話もありますが。

「今、病院への入院や施設への入所、住宅入居や就職、学校への入学に至るまで、**あらゆる場面で保証人を要求されます。**

この保証人がいなくて困っている人を対象に、『身元保証人ビジネス』というものが非常に増えています。ただ、悪質な業者もいて、見極めが難しい。

ひとつ言えるのは、**病院と施設利用に関しては、厚労省が『必ず保証人をつけろ、と求めてはいけない』という通知を何度か出している**ことです。なので、**厚労省は『絶対に保証人をつけろ』と要求するのはダメと言っていますよ、と伝えましょう。**

もうひとつ、20年度施行の民法改正によって、**保証に関しては限度額と期間を明記することになりました。それを明記していないと無効**です。

なので、**どうしても保証人にならなければいけない時は、保証人になるけれど、10万円までしか保証しません、といったことを明記しておく。**それがいいと思います」

高齢で賃貸物件が借りられない
——UR、ビレッジハウス、居住支援法人

Q 高齢になったら、賃貸物件に入るのが難しくなると聞きました。派遣なのでローンを組むことも難しく、持ち家など夢のまた夢なのですが、年を取って賃貸物件にまで住めないとなるとどうしよう……と不安です。

「**収入や資産がある程度ある人**だったら、**UR**（かつての公団住宅）**が借りられる**と思います。低所得の高齢者や障害のある人なら、公営・市営住宅が入りやすいでしょう。もうひとつ、**かつて雇用促進住宅と呼ばれたものが、現在低価格の賃貸住宅『ビレッジハウス』となっています**。こちらも敷金礼金なしの物件も多く、高齢者でも入りやすいようです。

また、国交省の政策で、『**居住支援法人**』という仕組みがあります。賃貸物件に入居しにくい高齢者、障害者、母子家庭、外国人などをサポートする民間団体や企業です。居住支援法人を探す時は、都道府県の住宅政策担当課に相談してみてください」

相談室ぱどる
TEL：072-200-2977
HP：https://padorux.com

第6章

死

――一般社団法人LMN・遠藤英樹さん／相談室ぱどる・原昌平さんに聞く

さて、ここまでは生きている間の心配事へのノウハウを書いてきたが、ここからは「死後」についてだ。

自分が死んだあと、腐乱死体で発見されて迷惑をかけたくない。遺産が残った場合、残したい人がいる。残されるペットを引き取ってくれる人がいるかどうかが心配。スマホやパソコンが開かない場合、何か不具合はないのか——。

ちょっと考えただけでもこれだけの懸念事項が浮かぶ。

この章では、「親の介護」の第3章に登場したLMNの遠藤さん、「トラブル」の第5章に登場した相談室ぱどるの原さんに、そんな死後の心配について答えてもらおう。

自分の死後のスマホやパソコン

ということで、まずは遠藤さん。

LMNでは死後に関するサービスも提供しているということで、自分が死んだあとのスマホやパソコン関係について聞いてみた。

「**困るのは、亡くなったあとにその人のスマホが開かないこと**です。パスコードがわかっていれば問題ないんですが、アイフォンは10回間違えると初期化されてしまいます（「Touch IDとパスコード」の「データを消去」をオンにしている場合）。私たちは特殊な業者さんと提携しているのですが、パスコードがわからない場合、アイフォンを開けるのには50万円くらいかかります」

それは高い……。

「アンドロイドは何回もいけるので、10万円くらいで済みます。それを防ぐために、私たちは『デジタルキーパー』というサービスを始めました」

どのようなものだろう？

「自分が亡くなった時、パスワードなどが指定する人に知らされるシステムがあればということで開発しました。月々330円で登録してもらうと、自分が亡くなった時、指定した人のもとにパスワードなどの情報が行くという仕組みです。全部クラウドでデジタル化しているので、私たちにもわからないようになっています」

それによってスマホの解約だけでなく、ネットフリックスなどサブスクの解約もできるというわけである。ライフラインの解約も頼んでおきたいところだ。

「銀行の暗証番号もその方法で知らせることができます。**今、セブン銀行などは通帳がなくアプリなので、口座があること自体、わからないんです。FXをやっていたり、仮想通貨を持っている人にとっても必要**だと思います」

ちなみにアイフォンと比較して、パソコンを開くのはそこまで難しくないという。民間の業者に頼めば10万円かからず開くそうだ。3万〜5万円で開けてくれるところもあるが、失敗の可能性がつきまとうようである。

ちなみにここまでのことであれば、原さんが前章で指摘していたように各種契約の一覧表を作り、すべてのパスワードなども添えて家族や友人に「何かあった時はこれを活用して」とお願いしておくこともできる。信頼できる相手ということがもっとも重要だが。

一方、LMNにはスマホやパソコンを「開いてほしい」のではなく、「クラッシュしてほしい」という要望もあるという。

「自分が死んだら、中のデータを全部消してほしいという要望もあります。これは40万〜50万円かかります」

スマホの方は問題ないけれど、パソコンはどうしてもクラッシュしてほしいなど、いろいろなケースがあるだろう。そりゃそうだ、人間だもの……。

孤独死での腐乱死体化を防ぐには

さて、このようなサービスを提供しているLMNだが、デジタルキーパー契約者には週に一度メールをすることで、「生存確認」をしているという。

「それに答えがない場合はアラートが鳴り、その人のもとに駆けつけます。亡くなったと確認できた時点で、指定された人に情報が行ったり、パソコンがクラッシュされたりします」

ちなみに私が単身の老後を思う時に気になるのは、自分が自宅で孤独死した場合のこと。連絡が取れないことを心配した友人たちが来てくれても、鍵が開かずに入れない時、どうすればいいのだろうか？　せっかく友人というセーフティネットがあっても、最後の「鍵」という壁。

これに対してLMNでは、番号で開くキーボックスの中に合鍵を入れ、それをガスメーターの中に置いておくなどの方法を取っているという。これなら緊急の場合、中に入ることができる。これは友人間でも使えそうな技ではないか。

ちなみに上野千鶴子氏は、『最期まで在宅おひとりさまで機嫌よく』の中で、「おひとりさまライフのセキュリティとセーフティネットを考えるなら、自宅の合鍵を預ける人間関係を作っておくべきです」と書いている。これなら一円もかからずに「腐乱死体化」を防ぐことができる。

自分亡きあとのペットはどうなる？

これまで2匹の猫を看取り、今、一匹と暮らしている私にとって、一番切実なのが「自分に何かあった時のペット」のことだ。

世の中には「ペット信託」というものもあるようで、信頼できる人や業者に託すそうだが、例えば犬で余命10年、月の飼育費が2万円だとすると、240万円くらいかかるようだ（業者により価格には幅がある）。

LMNでは、ペットに関するサービスも始めるところだという。

「自分が亡くなったあと、ペットをどうするかというのは切実な問題ですよね。よくあるのは何百万もかかるペット信託なんですけど、私たちは30万円だけ預からせてもらいます。それでその人が亡くなった場合は私たちがペットを一回預かって、次の引き渡し先に送ります」

それはその人が指定した引き渡し先だろうか。

「それでもいいですし、里親さんのような形で探すこともできます。今までのペット信託って飼育代も信託から渡すという形なんですが、ペットを飼いたい人に飼ってもらえたら飼育費を渡す必要もありません。私たちは、5万円を支度金として次の飼い主に渡します。その飼い主は、高齢者でも大丈夫です。高齢者の方が今、ペットを飼えない状況なので」

確かに保護猫、保護犬の場合、高齢で一人暮らしの人はまず譲渡先には選ばれない。高齢でなくとも、一人暮らしというだけでNGなところもある。かと言って、ペットブームの中、ペットショップで売られている犬や猫の値段は高騰していてとても庶民に手が出るような価格ではない。このような形で高齢の方でもペットを飼えるというのは、ある意味どちらにとってもいいことだ。しかも、その高齢者が入院したり施設に入ったりしても、またＬＭＮが次の行き先を確保してくれるのだ。

「やはり高齢の方から、飼いたいけど自分が死んだらどうするのかという相談が入り始めたんですよね。そこで、私たちがペットの身元引受もする。例えば飼い主さんが入院する時に1ヶ月預かるというサービスもやります。そうなると預託金が減ってしまうのでまた補充してもらう。高齢の方にとって、ペットを飼うと楽しみもできるし、犬だったら散歩に連れていくので知り合いもできる。孤独死対策としてもいいと思います」

始まったばかりのサービスなので、まずは見守っていきたいところだ。

また、ペット信託などを使わずとも、家族や親しい人が引き取ってくれるという場合、それがもっとも安心だろう。

散骨のガイドライン

「親の介護」の第3章でも触れたが、墓じまいが増える現在、お墓はいらないという人も増えている。

そんな中、希望としてよく聞くのが「散骨」だ。私自身もぼんやりと、「死んだら散骨がいいかなぁ……」なんて考えている。頼む相手がいないのが難点だが。

が、散骨って、勝手にやってもいいものなのだろうか？ そんな疑問を抱える人は多いだろう。遠藤さんは以前、散骨の会社で働いていた経験があるという。

「1年ほどいましたが、**今のところ散骨は、許可など取らなくてもできます**。ただ、ガイドラインみたいなものはあって、**岸からこれだけ離れましょうとか、船に乗る時は喪服はダメですよ、というものがあります。これから海洋散骨に行くよというふうに見せちゃダメ**なんです」

喪服NGとは意外なルールだ。ちなみに岸からある程度離れなければならないのであれば、船を出さないといけないということか。

「関東だと、東京湾の桟橋から海洋散骨の船が出ています」

でも、船を出すなんて、かなりお金がかかりそうな気がするが。

「海洋散骨には3パターンあるんです。ひとつはクルーザーを貸し切る方法。日本全国だいたい一緒で、25万〜30万円くらいです。あと合同と言って、2組か3組くらいが乗り合わせて散骨するとなるとだいたい1組15万円くらい。委託と言って全部お任せでやってもらう場合は5万〜8万円です」

お墓を買うことやその後の維持、管理を考えると、散骨はコスパ面でも魅力的だ。

また、最近は樹木葬も人気だが、そちらはどうだろう。

「樹木葬はみなさん憧れですけど、想像しているのは、木の下に埋めてもらうということだと思います。ただ、そうなってくるとその木の面倒は誰が見るのということになるので、ほとんどできないんですね。根が伸びるので、土地もかなり広くないといけない。なので、**だいたいの樹木葬はメインツリーが一本あって、その前が区画してあってそこにお骨を入れるという形です。**そうなると、自分の考えていた樹木葬とは違うということで、二の足を踏む人が結構いらっしゃいます」

確かに、想像する樹木葬とは違う。

「ただ、最近はお寺も墓じまいなどで土地が空き始めて、そこに藤棚を作ったりして、その下を区画して樹木葬にするところが増えてはいます」

そんな樹木葬、それほど値段は高くなく、20万円くらいのところが多いという。樹木葬ではなく、お寺で合祀《ごうし》という形で預かってもらうという形もある。

「合祀といっても普通の納骨堂というか、合祀墓、棚に置いておく形なんですが、15万〜35万円くらいであります」

年会費的なものがかかるところもあれば、払いきりというところもあるという。おひとりさまで管理してくれる人もいないとなれば、払いきりの方が安心だ。

また、LMNでは5万円で納骨できるプランもある。京都の寺院と提携することで、民間の合祀墓に5万円で納骨できる仕組みを作ったのだ。

さて、ここまで「骨」について書いてきたが、その前に葬儀がある。

何かとお金がかかりそうなイメージだが、最近増えているのは「直葬」と言われる方法。通夜や告別式を行わず、火葬だけをすることで、費用は8万〜20万円ほど。

ちなみに生活保護を利用する人が亡くなった場合、都市部で約21万円ほどの葬祭扶助が出て、直葬となる。**生活保護を利用していなくても、身寄りがなかったり遺族が葬祭費を出せない場合、申請すれば葬祭扶助が出ることもある。**

厚労省によると、2022年度、国と自治体が葬祭費を負担したのは全国で5万2561件（速報値）。初めて5万件を超え、過去最多となった（朝日新聞 23年10月23日）。

相続についての基礎知識

さて、ここからは原昌平さんにバトンタッチだ。

聞きたいのは相続について。

例えば私は結婚もしておらず子どももいないので、自分が死んで預貯金が少しでも残された場合、それがどこにいくのかちょっと気になる。両親亡きあとのことを考えると、いるのはきょうだいとその子どもである甥と姪。遺言とか、一応残しておいた方がいいのだろうか？

「まず民法では、**法定相続人というものが定められています。法律婚をしている配偶者がいれば、相続人**です。それ以外で相続人になる血族は、順位が決まっています。

まず子ども。先に亡くなった子どもに孫がいる場合は、代わりに孫が相続人になります。子どもがいなければ親。両親ともいなくて祖父母の誰かが生きていれば祖父母。生きている限りは、ひ孫、曽祖父母にも広がります。

直系血族の上下に誰もいなければ、きょうだいが相続人になります。先に亡くなっていたきょうだいの分は、甥、姪に行きます。甥、姪もいなければそこで止まり。遺産は国庫に入ります。

相続財産の取り分について法律上の権利は、配偶者と子どもがいる場合は、配偶者が二分の一、子どもが二分の一。子どもが複数いれば、その二分の一を人数で割ります。

配偶者と父母が相続人の場合、配偶者が三分の二、父母が合わせて三分の一。

配偶者ときょうだいの場合、配偶者に四分の三、きょうだいに四分の一。きょうだいが複数いれば、四分の一を人数で割ります。

養子縁組でも、婚姻外の子どもでも、権利は同じです。

ただし、これまで説明したのは、法律上、要求できる権利の話です。**法定相続人全員が同意すれば、どのように分けてもかまいません。誰か一人が全部もらってもかまいません。**

一方、**誰かに多めにあげたい時や、特定の不動産などを誰かに譲りたい時、法定相続人以外の人に遺産を渡したい場合は、遺言書を残すべき**です。

遺言書を作る方法は主に2種類あります。

ひとつは、**公証役場で、公証人**（**主に検事や裁判官のOB**）**に作ってもらう方法。**

もうひとつは**自筆の遺言書**です。自筆の場合は、財産目録をのぞいて手書き。『全財産は○○さんに』など内容がはっきりとわかること。そして日付、ハンコがあること。どちらかがないと法律的に認められません。

また、**遺言書は誰かが自動的に執行してくれるわけではないので、財産を受け取るのが一人でなければ、遺言の中で『遺言執行者』を指定**しておきましょう。自筆遺言書は、法務局で保管してもらえます。

しかし、親族の誰が先に亡くなるかわからないので、いろいろなパターンを仮定していくと記述が複雑になります。相続人になる人の調査、相続人の遺留分（最低限の請求権）、相続税の検討が必要なこともあります。そう簡単ではないので、行政書士または弁護士に相談して原案を作ってもらうことをお勧めします。不動産がある時は司法書士でも可能です」

遺産を寄付したい場合には
――死因贈与契約

次は、自分がかなりの遺産を所有している場合だ。

例えば余命わずかで法定相続人はすべて亡くなっているというケースだと、遺産は国庫に入るわけだが、それは嫌ということもあるだろう。国庫に入るくらいなら、社会的に意義がある活動をしているNPOなどに託したい。が、すでに遺言を書く体力もない――。このような場合、何か方法はあるのだろうか。

「**公証人に病室まで来てもらって、遺言書を作る方法のほか、もっと緊急なら、危急時遺言という方法**があります。

生命の危機が迫る中で、口頭で遺言を残すことです。本人が遺言書を書ける状態でない時に、3人以上が証人となり、聞き取って書面を作るんです。

また、確実にある団体に寄付したいということであれば、**遺言とは別に死因贈与契約という方法**があります。これはその人が亡くなった時点で贈与するという契約です。一方的に遺言で残しても、相手が『いらない』となったら受け取ってもらえないし、希望する目的に使われるかどうかも不確実だからです。

実際に私が関わったケースを紹介すると、ある病院に長く入院している方がもう命が危ないという状況になりました。その方は数千万円の財産があり、しかし法定相続人がいませんでした。国庫に入るのは嫌だということで、あるNPOに寄付したいということになりました。

そこでNPOの人に事情を話し、病院に来てもらい、受け取ってもらえることを確認して契約を交わしました。病棟の看護師さんとソーシャルワーカーの責任者に立会人になってもらい、署名捺印してもらいました。

それからまもなくその人は亡くなり、契約通り、私が執行者として、寄付を実行しました。もちろん元気なうちにも、死因贈与契約はできます」

さて、ここまで知れば安心して死んでいけるのではないだろうか。

そのために、今からでも準備できることはたくさんある。

まずは自分の銀行やサブスク関係などの一覧を作ってみることとしよう。相続人の顔を思い浮かべながら遺言を書く練習をするのもいいかもしれない。っていうか、終活ってこういうことなのか——。今、なんだか深い納得の中にいる。

あとがき

ここまで読み終えた今、「この先」への漠然とした不安は、かなり軽減されたのではないだろうか。

だとしたら、これほど嬉しいことはない。

どのような準備をしておくべきか、それが明確になれば話は早い。少なくとも、老後に2000万円などなくとも、なんとかなることはわかって頂けたと思う。

現代は、誰もがちょっとしたことで奈落の底に突き落とされ、一度滑り落ちてしまうと這《は》い上がるのは至難の業という無理ゲーな時代だ。

そんな社会になった原因は数え切れないほどあるが、そのひとつには、この国のシステムの制度疲労もあると思っている。

例えば現在の社会保障制度の多くは、高度経済成長の時代に考えられた標準世帯――正社員で終身雇用の夫と専業主婦の妻、子どもは二人――みたいな家族をモデルとして設計されている。

が、まえがきに書いたように、今や単身世帯は4割に迫る勢いだ。

未婚率も上がっている。例えば2020年の国勢調査に基づき、国立社会保障・人口問題研究所が算出した50歳時の未婚割合は男性約28％、女性約17％。未婚率と雇用状況に因果関係があることは多くの識者が指摘している。特に男性は露骨に正社員であるほど既婚者が多く、非正規ほど未婚率が高いのだ。

これほど時代が様変わりしたというのに、社会保障制度だけが経済成長の時代のまま。昭和の忘れものが幅を利かせているような状況だからこそ、現実と大きな乖離《かいり》を生んでいる。結果、単身だったり非正規だったり女性だったりで、「正社員で終身雇用」の人間が世帯に存在しない層がたちまち貧困リスクに晒されるというわけだ。シングルマザーや高齢単身女性の約半数が貧困という現実に、これで十分すぎるほど説明がつく。

さて、この本はフリーランス・単身の自分のこの先が不安すぎるから、その不安要素を潰すために書いたようなものだ。そんな私が「死なないノウハウ」を獲得していく過程で気づいたことがある。

それは「不安がなくなると、人は優しくなる」というこの世の真理だ。

困窮者支援に関わるまで、私はとても冷たい人間だった。

当時はとにかく勝ち続け、人を蹴落とし続けなきゃ生き残れないと思っていたし、失敗した人間は「自己責任」だと思っていた。

同時に、いつも不安だった。

なぜならそのような考えでいる限り、自分が「負けた」時には「自己責任」と切り捨てられ、見捨てられることを甘んじて受け入れなくてはいけないのだ。だからいつも緊張し、自分が「損」しないこと、リスクを取らないことばかりに心を砕いていた。あの頃の自分を思い出すと、殺伐《さつばつ》とした心象風景が立ち上がる。

そんな頃に出会ったのが、前述した困窮者支援の人々だ。困っている人たちを当たり前のように淡々と助ける支援者たちの姿を目の当たりにして、衝撃を受けた。そこにはべたべたした優しさはなく、支援者たちはただ自分の知識をフル活用して手を差し伸べていた。そこにあるのは「こんなふうに人が切り捨てられ、路上に追いやられる社会はおかしい」という静かな怒りだった。

そんな人たちを見た時、この世の中も捨てたもんじゃないと思った。そして、自分も助かりたいからこそ、支援の現場に関わるようになった。

あれから、20年近く。

気がつけば、私にはたくさんの知識が搭載されている。そうしたら、以前のような不安は霧散していた。人を蹴落とし出し抜かなくても生きていけると知れたことで、成人して初めてくらいに、肩の力がふっと抜けた。

だって何かあったら、私には助けてくれる人がいるのだ。あらゆるジャンルごとに揃っているのだ。しかも、自分自身が相当の情報を持っているのだ。人を助けることだってできるくらいに。

私は死なないための知識を得ることによって、ずいぶん優しく、人間らしくなれたと思う。

この本が、あなたにとってそんな存在になれたら、と思っている。

２０２４年1月　雨宮処凛

スペシャルサンクス　光文社の杉本洋樹さん、デザインのマツヤマチヒロさん、取材に応じてくださったすべてのみなさん、この本を手に取ってくれたあなた

生活保護について相談できる各地の民間団体

東北

東北生活保護利用支援ネットワーク
TEL：022-721-7011（月・水・金13時～16時、祝日休業）

関東（東京含む）・甲信越・北海道

首都圏生活保護支援法律家ネットワーク
http://seiho-lawyer.net/
TEL：048-866-5040（月～金10時～17時、祝日休業）

東京

認定NPO法人 自立生活サポートセンター・もやい

http://www.npomoyai.or.jp/

TEL:03-6265-0137(火12時~18時、金11時~17時のみ、祝日除く)

面談相談:毎週火11時~18時　もやい事務所にて

北陸

北陸生活保護支援ネットワーク福井(福井・富山)

TEL:0776-25-5339(火18時~20時、年末年始、祝日休業)

北陸生活保護支援ネットワーク石川

TEL:076-204-9366(火13時~15時・18時~20時、年末年始、祝日休業)

静岡

生活保護支援ネットワーク静岡
TEL：054-636-8611（平日10時〜17時）

東海

東海生活保護利用支援ネットワーク（愛知、岐阜、三重）
TEL：052-911-9290（火・木13時〜16時、祝日休業）

近畿

近畿生活保護支援法律家ネットワーク
TEL：078-371-5118（月・木13時〜16時、祝日休業）

中国

生活保護支援中国ネットワーク

https://seiho-chugoku.net/
TEL：0120-968-905（月〜金9時半〜17時半、祝日休業）

四国

四国生活保護支援法律家ネットワーク
TEL：050-3473-7973（月〜金10時〜17時、祝日休業）

九州・沖縄

生活保護支援九州・沖縄ネットワーク
TEL：070-9123-1114（月・火・木13時〜16時　祝日休業）

全国

全国青年司法書士協議会　生活保護相談ダイヤル
https://www.zenseishi.com/
TEL：03-3351-4911（月13時〜15時、祝日休業）

雨宮処凛（あまみやかりん）

1975年、北海道生まれ。作家・活動家。反貧困ネットワーク世話人。

フリーターなどを経て2000年、自伝的エッセイ『生き地獄天国』（太田出版、のちにちくま文庫）でデビュー。2006年からは貧困問題に取り組み、2007年に出版した『生きさせろ！ 難民化する若者たち』（太田出版、のちにちくま文庫）はJCJ賞を受賞。

著書に『非正規・単身・アラフォー女性』（光文社新書）、『コロナ禍、貧困の記録　2020年、この国の底が抜けた』（かもがわ出版）、『学校では教えてくれない生活保護』（河出書房新社）など多数。

死《し》なないノウハウ　独《ひと》り身《み》の「金欠《きんけつ》」から「散骨《さんこつ》」まで

2024年2月29日初版1刷発行
2024年7月20日　　6刷発行

著　者 ── 雨宮処凛
発行者 ── 三宅貴久
装　幀 ── アラン・チャン
印刷所 ── 萩原印刷
製本所 ── ナショナル製本
発行所 ── 株式会社光文社
東京都文京区音羽1-16-6（〒112-8011）
https://www.kobunsha.com/
電　話 ── 編集部03（5395）8289　書籍販売部03（5395）8116
制作部03（5395）8125
メール ── sinsyo@kobunsha.com

 ISBN 978-4-334-10226-5

1295
創作者の体感世界
南方熊楠から米津玄師まで
横道誠

天才たちの仕事を読み解く鍵は、発達障害に通じる特性が握っていた？　発達障害と診断された文学研究者が、自身の「感」と「知」で文献を渉猟。「障害」の意味を読み替える「当事者批評」実践の書。

978-4-334-10222-7

1296
大江健三郎論
怪物作家の「本当ノ事」
井上隆史

大江健三郎とは何者だったのか――。「奇妙な仕事」『万延元年のフットボール』『沖縄ノート』など、その作品世界を丹念に追うことで、いまだ明らかになっていない大江像を探る。

978-4-334-10223-4

1297
嫉妬論
民主社会に渦巻く情念を解剖する
山本圭

隣人が、同僚が、見知らぬ他人が羨ましい――。苦しく、みっともない感情にどうしてこうも振り回されるのか。人々を揺さぶる「厄介な感情」を政治思想の観点から多角的に考察。

978-4-334-10224-1

1298
漫画の未来
明日は我が身のデジタル・ディスラプション《破壊的変革》
小川悠介

スマホ向け漫画「ウェブトゥーン」の台頭に、絵を自動で描く「生成AI」の進化。デジタル時代に、漫画はどこへ向かうのか？　取材を重ねた記者が、経営・ビジネスの観点からその未来図を探る。

978-4-334-10225-8

1299
死なないノウハウ
独り身の「金欠」から「散骨」まで
雨宮処凛

失職、介護、病気など、「これから先」を考えると押し寄せる不安……。各界の専門家に取材し、役立つ社会保障制度などを紹介する、不安な人生をサバイブするための必須情報集！

978-4-334-10226-5